錢穆先生全集

錢穆先生全集

［新校本］

中國思想通俗講話

九州出版社

圖書在版編目（CIP）數據

中國思想通俗講話 / 錢穆著. -- 北京：九州出版社，2011.1（2023.5 重印）
（錢穆先生全集）
ISBN 978-7-5108-0751-0

Ⅰ.①中…　Ⅱ.①錢…　Ⅲ.①思想史－中國－文集　Ⅳ.①B2-53

中國版本圖書館 CIP 數據核字（2010）第 226397 號

中國思想通俗講話

作　　者　錢　穆　著
責任編輯　劉瑞蛟　雲岩濤
出版發行　九州出版社
裝幀設計　陸智昌　張萬興
地　　址　北京市西城區阜外大街甲 35 號
郵　　編　100037
發行電話　（010）68992190/3/5/6
網　　址　www.jiuzhoupress.com
印　　刷　三河市東方印刷有限公司
開　　本　635 毫米 × 970 毫米　16 開
插頁印張　0.5
印　　張　9
字　　數　102 千字
版　　次　2011 年 5 月第 1 版
印　　次　2023 年 5 月第 3 次印刷
書　　號　ISBN 978-7-5108-0751-0
定　　價　45.00 元

錢穆先生與夫人錢胡美琦女士

錢穆先生印・賓四

新校本說明

錢穆先生全集，在臺灣經由錢賓四先生全集編輯委員會整理編輯而成，臺灣聯經出版事業公司一九九八年以「錢賓四先生全集」為題出版。作為海峽兩岸出版交流中心籌劃引進的重要項目，這次出版，對原版本進行了重排新校，訂正文中體例、格式、標號、文字等方面存在的疏誤。至於錢穆先生全集的內容以及錢賓四先生全集編輯委員會的注解說明等，新校本保留原貌。

九州出版社

出版說明

思想不能脫離羣眾，而羣眾所同則必遠有承襲。中國傳統思想乃孕藏於廣大羣眾之行為中，孕藏於往古相沿之歷史傳統及社會習俗中。本書拈出目前社會習用之幾許觀念與名詞，由此上溯全部中國思想史，由淺入深，闡述此諸觀念與名詞之內在涵義及其相互會通之點，藉以描述出中國傳統思想之大輪廓。

是書原為一九五四*年夏，錢先生在臺北，應蔣經國先生之邀在青潭青年救國團所作系列講演。每週一次，凡四次，共分「道理」、「性命」、「德行」、「氣運」四題，初名「中國思想裏幾個普泛論題」。一九五五年三月結集，以本書名自印於香港。一九七九年，原擬重印此書，因特撰補篇一文，共分八題，其後因故未付印。一九八七年應臺北動象雜誌索稿，又整理歷年隨筆劄記十二條附後，合成補篇，付該雜誌發表。逮一九九〇元月，臺北東大圖書公司重版，乃將補篇增入。此次重排，即據

---

*新校本編者注：原文為「民國」紀年。下同。

東大增訂版為底本，除改正若干原版誤植文字外，並加入私名號、書名號等。排校錯誤疏漏之處，敬希讀者不吝教正。

本書由邵世光小姐負責整理。

錢賓四先生全集編輯委員會　謹識

目次

自序……一
增訂版補記……七
前言……一
第一講　道理……五
第二講　性命……二五
第三講　德行……四九
第四講　氣運……七三
總結語……九五
中國思想通俗講話補篇……九七

自序

思想必然是公共的，尤其是所謂時代思想，或某學派的思想等，其為多數人的共同思想，更屬顯然。凡屬大思想出現，必然是吸收了大多數人思想而形成，又必散播到大多數人心中去，成為大多數人的思想，而始完成其使命。此少數之思想家，正所謂先知先覺，先得眾心之所同然。然後以先知覺後知，以先覺覺後覺，以彼少數思想家之心靈，發掘出多數心靈之內蘊，使其顯豁呈露，而闢出一多數心靈之新境界。某一時代思想或學派思想，其影響力最大者，即其吸收多數人之思想者愈深，而其散播成為多數人思想者愈廣，因此遂成其為大思想。

若思想脫離了大眾，僅憑一二人戛戛獨造，縱或深思密慮，窮搜冥索，或於書本文字上闡述陳說，或於語言辯論上別創新解，或就個人會悟提出獨見，或從偏僻感觸引伸孤詣，只要是脫離了羣眾，既非從大多數人心裏出發，又不能透進大多數人心裏安頓，此等思想，則僅是少數人賣弄聰明，炫耀智慧，雖未嘗不苦思力探，標新懸奇，獲得少數聰明智慧、喜賣弄、愛炫耀者之學步效顰，但其與大多數人心靈，則渺無交涉。則此等思想，仍必歸宿到書本上，言語上，流行於個別偏僻處，在思想史上決掀不起大波瀾，決闢不出新天地。

余居常喜誦中庸，尤愛玩誦其如下所說：「君子尊德性而道問學，致廣大而盡精微，極高明而道中庸，溫故而知新，敦厚以崇禮。」竊謂惟德性乃大眾之所同，人人具此性，人人涵此德，問者即當問之此，學者亦當學於此。只有在大眾德性之共同處，始有大學問。只有學問到人人德性之愈普遍處，始是愈廣大。老子曰：「同謂之玄，玄之又玄，眾妙之門。」亦只有在愈廣大處，才見得愈精微。若所見粗疏，則據於一隅，不能盡廣大之量。不能盡廣大之量，則彼此之間不能無異同。於是則敵論競起，互相角立，僅足以相爭，而不足以相勝。大則如吳、晉爭霸，小則如滕、薛爭長。各有所見，亦各有所蔽，各有所長，亦各有所短，其病在於不能致廣大。若求致廣大，則必盡精微。惟有精微之極，始是廣大之由。誠使大多數人心靈同歸一致，盡以為是，此必無多言說，無多疑辨，無多創論，無多孤見。當知能如此說，雖若粗疏，而實盡精微之能事。凡求於言說中樹孤見，於疑辨中闢新論，貌若精微，而實則粗疏。

南宋陸復齋所謂「留心傳注翻榛塞，著意精微轉陸沈」，即對此等離開廣大心靈，拘泥文字言說，而刻意求精微者施針砭。惟致廣大而盡精微者，乃始為高明。此高明乃得學問之極於精微來，而此學問之所以極於精微，則從體悟到廣大德性之玄同中來。故真高明者，必轉近於廣大之德性，更易為廣大心靈所瞭解，所接受，而後此高明之思想，遂易領導羣眾於實踐，故曰「極高明而道中庸」。人人能知，人人能行，此始為中庸之道，此乃本於廣大德性內在之所同趨，所以得成其為高明之極。而此則必其人之學問，到達於極精微處，而始可得之。決非弄聰明，炫智慧，好為孤明獨見者所能。

然則學問卽學於此羣眾，問於此羣眾，而羣眾所同，則遠有承襲，自古已然。故必溫於故而可以知新，非離於古而始可以開新。不離於羣眾，斯不離於往古，此之謂敦厚。敦厚故不炫孤知而崇於禮，禮卽大羣之習俗公行，自往古一脈相傳而積襲以至於今。雖有變，而不失其常。雖有歧，而不失其通。惟此乃廣大心靈之所同喻而共悅，亦廣大德性之所同趨而共安。易大傳則曰：「知崇禮卑，崇效天，卑法地。」禮以卑為用，所謂卑之毋甚高論，使為易行。若論高則與世俗相違，人人驚竦，認為高論。然論高而難行，難行則與眾何涉。與眾無涉則決非敦厚之道。若使人騖於知而不相敦厚，則風薄而世衰，社會大眾共受其苦，然則又何貴而有此大知識，有此大思想？故天之崇，非以其隔絕於萬物，乃以其包涵有萬物。聖知之崇，亦非以其隔絕羣眾，乃以其卽學問於羣眾，以其包涵有羣眾之廣大德性而又得其共同之精微。故中庸之崇禮，乃崇於羣眾，崇於習俗，崇於往行，乃以高明而崇於卑暗者。

羣眾乃指夫婦之愚，若不知有所謂思想，不知有所謂理論，不知有所謂疑辨，不知有所謂發明。然羣眾雖卑，飲食男女，蹈常襲故，而共成其俗，共定於禮。禮由羣眾來，由羣眾之蹈常襲故來，由羣眾之德性之所好所安來。聖知特達，不當忽視於此。聖知特達，則必尊於德性，致其廣大，以此為學問，於此獲精微，乃以躋於高明，而終不違於中庸，此之謂溫故，此之謂崇禮。故得日新其知，而終以成其敦厚。故曰：「舜其大知也歟！舜好問，而好察邇言。」又曰：「君子之道，譬如行遠，必自邇。譬如登高，必自卑。」又曰：「誠者，天之道也。誠之者，人之道也。」「自誠明，謂之性。自明誠，謂之教。」「惟天下至誠，為能盡其性。」「至誠之道，可以前知。」聖人雖有大知，而羣眾亦可以前知。此所謂前知，乃前於聖人之知而卽己知。羣眾非眞有知，特羣眾有誠，其誠出於天，本於性，故聖人出於羣眾中，此卽自誠而明，屬天道。聖人尊羣之德性，致極於羣之廣大，而學問焉，而造於精微，成於高明。高明之極，而仍不離於中庸，仍不違於夫婦之愚。而聖人之知，則可以通天心，達天德，而還以成其天，此之謂由明誠，屬人道。大哉此道，此則所謂中庸之道。

惟其中國傳統，特重此中庸之道，故中國傳統思想，亦為一種中庸思想。此種思想，則必尊德性，致極於人性之廣大共通面，溫故而崇禮。明儒王陽明所倡「知行合一」之學，殆為眞得中國傳統思想之精義。此亦可謂之中庸之學。中庸之學，造端乎夫婦，而察乎天地。本諸身，徵諸庶民，考諸三王而不繆，建諸天地而不悖，質諸鬼神而無疑，百世以俟聖人而不惑。極其所至，既知天，又知人。聰明睿知，而又寬裕溫柔。何以故？道不離人，亦學不離人。

竊嘗本此意，研尋中國傳統思想，知其必「本諸身」，「徵諸庶民」，「考諸三王」。考諸三王則治史。徵諸庶民，則潛求博求之社會之禮俗，羣眾之風習。本諸身，則躬行體驗，切問近思。乃知中國傳統思想，不當專從書本文字語言辯論求，乃當於行為中求。中國傳統思想乃包藏孕蘊於行為中，包藏孕蘊於廣大羣眾之行為中，包藏孕蘊於往古相沿之歷史傳統，社會習俗之陳陳相因中。此行為而成為廣大羣眾之行為，而成為歷史社會悠久因襲之行為，則惟以其本於天性，通於天德，故可以建諸天地而不悖，質諸鬼神而無疑。千百世之上有聖人出，此心同，此理同。千百世之下有聖人出，此心同，此理同。故可以百世以俟聖人而不惑。聖人固非生而知之，乃好古敏求以得之。聖人無常師，三人行，則必有吾師。大羣眾之中庸，即聖人之師。大羣眾之思想，即成為聖人之思想。惟大羣眾不自知，而聖人則學問於大羣眾而知之。亦惟此乃成為大知識，亦惟此乃成為大思想。

去暑在臺北，曾作為系統講演凡四次，初名「中國思想裏幾個普泛論題」。原意在拈出目前中國社會人人習用普遍流行的幾許觀念與名詞，由此上溯全部中國思想史。由淺入深，即憑眾所共知共喻，闡述此諸觀念諸名詞之內在涵義，及其流變沿革，並及其相互會通之點，而藉以描述出中國傳統思想一大輪廓。所謂禮失而求諸野，誠使一時代，一學派之思想，果能確然有其所樹立，犁然有當於當時之人心，沛然流行而莫之能禦，則雖其人與言而既往矣，而其精神意氣之精微，殆必有深入於後世之人心，長留於天壤間，而終不可以昧滅者。以人事冗雜，越秋至於冬杪，始獲少閒暇。乃就當時講演錄音，重加整理，粗有潤色，易以今名為中國思想通俗講話，集成一册，先刊以問世。

然我不知，我此書所講，其果能有所窺於人羣德性之大同之深在者有幾？其果能有所當於廣大人羣之所共喻而共悅者又有幾？其自所學問之途轍，果能由以達於精微之境，而稍可以冀於高明之萬一者又有幾？此皆我個人學力所限，不敢自知。然我終不敢違越於往古聖人敦厚崇禮之教，終不敢鄙蔑於往古聖人所示溫故學問之功，雖曰未逮，亦我私志日常之所勉。

此四次講演之所及，則仍限於抽象理論之闡發。至於具體落實，更就歷史社會種種實象，作更進一層之發揮與證明，以求盡竭乎吾胸中所欲說，則當俟生活有閒，精力有賸，别舉論題，繼此闡釋，續撰第二第三編，以足成吾意。此册則先以呈請於當世通人君子之教正。

舊曆甲午歲盡前兩日錢穆自序於九龍嘉林邊道新亞研究所

增訂版補記

中國思想通俗講話成於一九五五年，此書限於講演，共分「道理」、「性命」、「德行」、「氣運」四題，其他不及稱引。目盲以來多瞑想，十年前欲重印此書，又撰中國思想通俗講話補篇一文，內涵「自然」、「自由」、「人物」、「心血」、「味道」、「方法」、「平安」、「消化」八題。後因故未及重印。一九八七年應動象雜誌索稿，又檢拾積年隨筆劄記十二條附入此補篇一文內。先後體例雖有不同，要皆有助讀者自為引申思索。今此書即將重版，特此說明。

一九八九年九月錢穆補記於外雙溪之素書樓，時年九十五歲。

前言

諸位先生，我這一次得有機會，向諸位作一番有系統的講演，甚為高興。我的講演，將連續四次，分成四個講題。綜合起來，暫定一總題，名為「中國思想裏的幾個普泛論題」。

讓我先略一申說所謂「中國思想」一語之涵義。講到思想，有指個別而言，如孔子思想，王陽明思想等。亦有指共通而言，如中國思想，印度思想等。

人類思想之開始，本都是共通的。如餓了想喫，渴了想飲，冷了想穿衣服。但後來漸趨分歧，如米食和麥食便分成兩途，有些人在想如何烤麵包，有些人在想如何煮米飯。飲也如此，有人在想如何製咖啡，有人在想如何焙茶葉。衣也如此，有人在想如何養蠶織絲，有人在想如何牧羊織毛。

人類思想，如此般的分歧演進，今天我們所講，固不是煮米飯和織蠶絲的問題，但所講儘屬抽象，而仍有其共通性。所謂中國思想者，則是在人類思想大共通之下之一個小區別。而就孔子思想以及陽明思想等而言，則所謂中國思想，仍是一共通性。

講思想，又必注意其聯貫性。換言之，思想必有其傳統。這一時代的思想，必在上一時代中有淵源，有線索，有條理。故凡成一種思想，必有其歷史性。而講思想，則必然該講思想史。

人類行為，必受思想之指導。惟其思想有傳統，有條理，人類行為始能前後相繼，有其持續性。此種行為之持續性，我們則稱之為乃一種「歷史精神」。歷史精神也有其共通性，而仍不能不有其相互之分歧性。此種分歧，遂形成了人類歷史上各民族文化之各別性，卽特殊性。在各民族中，則又有其各時代之特性。於分歧中見共通，在共通中又有分歧。所謂中國思想，則就中國民族各時代思想之分歧中，來籀出其共通性，以見與其他民族思想之分歧處。

在任何一民族中，必有幾許共通的思想，貫徹古今，超越了時代，跑進了人人心坎深處，而普遍影響及於社會之各方面，成為這一社會所普遍重視，普遍信仰，或普遍探討的論題，幾乎成為一種口頭禪。我們或許對此項口頭禪，因慣常熟習聽聞，熟習引用，而忽略了，甚至昧失了其內涵之深義。但當知，此乃一民族共通思想之結晶體，惟有此項思想纔是活的，有力量的。一切思想分歧，都由此而衍出。

今天我們處身在一大時代，在一思想鬬爭的時代中。我們該能開創我們時代所急切需要的新思想。但要開創時代新思想，我們該探討歷史上的傳統思想，因其積久埋藏蘊蓄在我們大羣的心中，卽在我們每一人的心中。它已演成了我們從來的歷史，它已不啻成為我們生命中一重要的核心。我們一切行為，在不知不覺中，大都由此演出，我們如何能不注意？我們該把握歷史傳統思想來開創我們時代的新思想，來完成我們時代的新使命。

我這四次講演，便是根據上述觀點來講中國思想裏的幾個普泛論題。此項論題，則必將是貫徹古今，而為每一時代之思想家所共同討論者。此項論題，則又必是滲透深入於現社會一般人之心中者。因此講思想史，卽無異於是講現代思想，因其已埋藏蘊蓄在現代思想之心坎底裏，而有其深厚的生命，故為吾人所不得不注意探討與發揮，以求其適應於現時代之需要，而成為一番新思想。我因於時間限制，只分講四次，來舉例申述。

第一講 道理

一

今先講第一論題，即「道理」兩字。道理兩字，在中國社會，已變成一句最普通的話。我們可以說，中國思想之主要論題，即在探討道理。我們也可說，中國文化，乃是一個特別尊重道理的文化。中國歷史，乃是一部嚮往於道理而前進的歷史。中國社會，乃一極端重視道理的社會。中國民族，乃一極端重視道理的民族。因此中國人常把「道理」兩字來批判一切。如說這是什麼道理？道理何在？又如問，你講不講道理？這一句質問，在中國人講來是很嚴重的。又如說大逆不道，豈有此理，那都是極嚴重的話。「道理」二字，豈不是普遍存在於中國現社會人人之心中與口中，而為中國人所極端重視嗎？但中國人如此極端重視的所謂道理，究竟是什麼一種道理呢？這不值得我們注意來作一番探討嗎？

依照常俗用法，「道理」二字，已混成為一名，語義似乎像是指一種「規矩準繩」言。在中國人一般思想裏，似乎均認為宇宙（此指自然界）乃至世界（此指人生界），形上及於形下，一切運行活動，均該有一個規矩準繩，而且也確乎有一個規矩準繩，在遵循著。但此項規矩準繩的具體內容是什麽呢？我們人類的智識能力，又何從而認識此項規矩準繩呢？這正是中國思想史上所鄭重提出而又繼續不斷討論的一個大問題。

若我們進一步仔細分析，則「道」與「理」二字，本屬兩義，該分別研討，分別認識。大體言之，中國古代思想重視「道」，中國後代思想則重視「理」。大抵東漢以前重講「道」，而東漢以後則逐漸重講「理」。宋史有道學傳，而後人則稱宋代理學家。今天我們通俗講話，則把此兩字聯結起來，混成為一觀念。這正是兩三千年來中國思想家所鄭重提出而審細討論的一個結晶品。

二

現在依次先講「道」。道究竟指的是什麽呢？莊子說：「道行之而成。」這猶如說，道路是由人走出來的。唐代韓愈在原道篇裏說：「由是而之焉之謂道。」這是說，道指的由這裏往那裏的一條路。可見道應有一個嚮往的理想與目標，並加上人類的行為與活動，來到達完成此項理想與目標者始謂之道。因此道，必由我們之理想而確定，必又由我們之行動而完成。人之行動，必有其目的，由於實踐了整個歷程而到達此目的，若再回頭來看，此整個歷程便是道。因此道，實乃是人生欲望所在，必然是前進的，是活動的，又必然有其內在之目的與理想的。

由是演繹開來說：道是行之而成的，誰所行走着的，便得稱為誰之道。因此道可得有許多種。如說天道，地道，鬼神之道，人道等是。即就人道言，既是由是而之焉之謂道，則由此至彼，也儘可有好多條相異不同的道。而且由此至彼，由彼至此，皆可謂之道，於是遂可有相反對立之道。故說王道、霸道，大道、小道，君子之道、小人之道，堯舜之道，桀紂之道，皆得稱為道。譬如說，你走你的路，我走我的路。孔子說：「道不同，不相為謀。」中庸又說：「道並行而不相悖。」而且道有時也可行不通，孔子說：「道不行，乘桴浮於海。」這是指大道言。子夏說：「雖小道，必有可觀者焉，致遠恐泥。」這是指小道言。易經又說：「君子道長，小人道消。小人道長，君子道消。」因有相反對立之道，故若大家爭走著那一條，這一條一時便會行不通。於是又有所謂「有道」與「無道」。無道其實是走了一條不該走的道，那條該走的道反而不走，這等於無路可走，故說無道。

以上述說了道字大義。何以說先秦思想重於講道呢？如論語、孟子多言道，六經亦常言道，少言理。莊老也重言道，所以後世稱之為「道家」。但莊子書中已屢言理，惟莊子書中的「理」字，多見於外雜篇。在內篇七篇，只有養生主「依乎天理」一語。若說莊子外雜篇較後出，則理的觀念，雖由道家提出，而尚在晚期後出的道家。又如韓非子解老篇：「道者，萬物之所然也，萬理之所稽也。」

管子君臣篇：「順理而不失之謂道。」上引兩語，都可歸入晚期道家。他們都提到理字，與道字並說，但理字的地位顯然在道字之下。

又如易繫辭：「易簡而天下之理得。」說卦傳：「窮理盡性以至於命。」乃及小戴禮樂記篇：「天理滅矣。」此為經籍中言及理字之最要者。然易傳與小戴記本非正經，皆屬晚出，殆亦受道家影響。而後漢鄭康成注樂記「天理滅矣」一語，云：「理猶性也。」可見直至東漢儒家，他們心中，還是看重性，看重道，而理字的觀念，尚未十分明白透出，因此遂把性來解釋理。許叔重說文解字曰：「理，治玉也。」又謂：「知分理之可相別異也。」玉不琢不成器，玉之本身，自有分理，故需依其分理加以琢工。孔門儒家重人，不重天，故僅言道不言理。但到宋儒，乃亦重言理字，卻說「性即理」，纔開始把上引「理猶性也」一語倒轉過來，把理來解釋性。這是中國古代和後代人對理字的觀念看得輕重不同一個絕好的例證。此外如高誘淮南子原道訓注，說：「理，道也。」呂氏春秋察傳篇注，說：「理，道理也。」可見漢儒一般都對理字觀念不清楚，看得不重要，因此都把道來解釋理。但到宋儒則都把理來解釋道。

三

開始特別提出一「理」字，成為中國思想史上一突出觀念，成為中國思想史上一重要討論的題目者，其事始於三國時王弼。王弼注易經，說：「物無妄然，必有其理。」這是說宇宙間一切萬物，決不是隨便而成其為這樣的，宇宙萬物，必有其一個所以然之「理」。天地間任何一事物，必有其所以然，而決不是妄然的。妄然卽是沒有其所必然之理，而隨便的成為這樣了。當知莊老亦只言自然，這一理字，乃經王弼特別提出，在易經本書中，並不曾如此說。卽在易繫辭傳也只說：「一陰一陽之謂道。」又說：「形而下者謂之器，形而上者謂之道。」這是說宇宙間一切萬物，皆由陰陽之氣聚散分合，而纔有形象之萬殊。有形象的便謂之「器」，故器是形而下。至於那氣如何由陰轉陽，由陽轉陰，如何聚散分合，那些運行活動，則只是一項過程。過程是變動不居的，是去而不留的，是無形象可指的。因此說它是形而上，而此形而上者則是「道」。易繫傳只說到如此，而王弼卻於易經原有的道的觀念之外，另提出一理的觀念來，說宇宙萬物，各有它一個所以然之理。這是一個新觀點，而在後來的中國思想史上，卻衍出大影響。

王弼又接著說：「統之有宗，會之有元。故自統而尋之，物雖眾，則知可以執一御也。由本以觀之，義雖博，則知可以一名舉也。」這是說，宇宙間萬事萬物，既各有一個所以然之理，而萬事萬物又不勝其複雜，既是每一事物有每一事物之理，豈不理也成為很多很複雜嗎？但王弼的意思並不然。他說，事物之理好像很多很複雜，但若我們把它編排起來，會合起來，便成為一個「元」（即是同一的起始），一個「宗」（即同一的歸宿），由是纔見得宇宙萬事萬物，在其背後，有一個最原始最基本的理，為宇宙一切萬象所由生。這眞是一番了不起的大理論，後來的中國思想家，遂多轉移目光，注意到這一問題上。

郭象注莊子，也說：「物無不理，但當順之。」以前道家著重在道字，故老子說：「道生之，德畜之。」又說：「人法地，地法天，天法道。」宇宙萬物皆生於道，故宇宙萬物皆當法於道，即依順於道。而郭象則說，宇宙萬物皆有理，故當依順於理。這在說法上，便有些不同。

王弼、郭象是魏晉時代的道家，其實已可說他們是新道家，與先秦莊老道家有不同。其次我們要提到稍後佛門中大和尚竺道生，即後代有名的生公。他也說：「理不可分，悟語極照，以不二之悟，符不分之理，謂之頓悟。」他說理不可分，這即是王弼所謂「統之有宗，會之有元」了。從前人只說求道明道，而竺道生則轉移重點來說悟理。他在佛法中驚天動地的「頓悟」之說，原來是根據於「理不可分」的觀點上。而後來在唐代的華嚴宗，又演變出「事理無礙，事事無礙」的理論來。既是宇宙間每一事物之後面各有一個理，而那些理又是可以統宗會元，合一不分的，則自然可見事理無礙，甚至於事事無礙了。既是事理無礙，事事無礙，則何必有形上形下之分，又何必有入世出世之別？於是佛法便漸轉成世法，而開啟出後代宋儒的理學來。

宋儒稱為理學家，他們重視理的觀念，不問可知。所以朱子說：「合天地萬物而言，只是一個理。有此理，便有此天地，若無此理，便亦無此天地。」朱子這一番話，好像是重述了王弼意見，只是把王弼的文言翻譯成語體。若論其內容涵義，朱子、王弼之間，可說沒有大分別。所以朱子又說：「今日格一物，明日格一物，一旦豁然貫通，眾物之表裏精粗無不到，吾心之全體大用無不明。」朱子這一番話，又很像竺道生。格物雖是「漸」，而悟理則屬「頓」。惟其理一而不可分，所以有一旦豁然貫通之悟境，而眾物之表裏精粗可以無不到，吾心之全體大用可以無不明。試問朱子與竺道生所說，又有何甚大的分別呢？

所以理字觀念的提出，雖由先秦道家已開始，而直要到魏晉新道家，始發揮得精采。佛家也因把握了這一觀點而闡揚出新佛法。而後來的宋明儒，他們注重理字，顯已融進了道、佛兩家觀點，因此造成了儒、釋、道三教合一的新儒學。

四

以上約略說明了東漢以上中國思想偏重在講道，魏晉以下中國思想偏重在講理，而簡單地舉出些實證。至於更詳細的證明，大家可向書本上自己尋求，我想是可以無需再多說了。

根據上述說法，我們若要和別人講道理，若要講我們中國人傳統所重視的道理，自然該懂得一些中國思想史的大概內容了。現在讓我再進一步，把此「道」「理」兩字，根據中國傳統思想，來作一更細的比較。

道是行之而然的，即是要人走了纔有路，沒人走，即不成為是路。因此道是可以選擇的，如我愛向這邊走，你愛向那邊走。若有某一條路容易走得通，於是人人盡走向那一條，積而久之，這便成為大道了。因此大道是常然的，又可說是當然的。譬如喫飯後需休息，不休息常易發胃病，因此飯後休息是當然。因其當然而大家如此，則成為常然。至於理，則是一個所以然。為何生胃病？因其飯後不休息，這是所以然。既有所以然，便連帶有必然。飯後不休息，便必然會發胃病。此項「所以然」與「必然」，我們則說是理。所以道是教人該怎樣，理是告訴人必這樣。為何該這樣呢？因其是常常這樣的。可以說，「常然」之謂道。又可說，「當然」之謂道。而理則是「必然」這樣的。如二加二等於四，此之謂數理，但只能說是數之理如此，卻不能說它是數之道。又如基督徒宣揚耶穌教言，我們稱之為傳道，稱之為播道，卻不能說是傳理或播理。可見即在今天常俗用語，「道」「理」兩字，也分別得很清楚。

惟其理是事物之所以然，所以理應該先事物而存在。譬如二加二等於四，此是一數理，即在人類沒有明白這一數理之前，那項數理早該已存在。又如蘋果落地，此是一物理，我們又稱之為萬有引力之理，但在牛頓沒有發明出此萬有引力之理以前，那理也早該已存在。因此理也可說是「本然」的，而道則待人行之而始然，並不是本然。故二加二等於四，是數理。若我先有兩個，想湊成四個，則必再加上兩個，那種再加上兩個來湊成四個的行為與活動，則可說是道。所以道是須待行為而始完成的，因此道字的觀念裏，必然已加進了某種的事業行為與活動。至於理，則不需有事業，不需有行為與活動，而早已存在著。

因此道可以創造，孔子說：「人能宏道，非道宏人。」若沒有人的活動與行為，即就沒有道。既如此，道何能來宏大人，只是人在宏大道。淺言之，道路是由人開闢修造的，人能開闢修造一條便利人的道，故說人能宏道。但縱使有了這條道，若人不在此道上行，則仍等於沒有這條道，而這條道也終必荒滅了。所以說非道宏人。惟其如此，所以既說宏道，又說行道、明道、善道。總之，道脫離不了人事，脫離不了人的行為與活動。沒有道，可以闢一條。道太小，可以放寬使之成大道。道之主動在於人。

但理則不然，人只能發見理，發明理，卻不能創造理。從前人不懂飛機之理，現在給人發現了、發明了。但人最多也只能發明此飛機之理，並不能說人創造了飛機之理。因飛機之理，乃飛機之所以然，在沒有飛機以前，應該先已有了飛機之理之存在。人類只能依據此早已存在的飛機之理來創造出飛機，但人類不能因想造飛機，先創造一飛機之理。一切創造皆得依於理，不能於無理處創造出理來。因此，道是待人來創闢來完成的，其主動在於人。而理則先事物而存在，不待於人之創，其主動不在人。因此，理先在，一成不變。道創生，變動不居。這是道與理之間一很大的不同點。

再言之，理是規定一切的，道是完成一切的。求完成，不限於一方法，一路線，所以道屬於多，可以變。而規定一切的理，則是唯一的，絕對的，不變的。卽就以茶或咖啡解渴之例來說，茶可以解渴，咖啡也可以解渴，所以或些地區喝茶，或些地區飲咖啡。解渴之道多端，儘可以不同，但論其所以能解渴之理則是一。茶與咖啡之所以能解渴，則有同一理存在。所以道雖多端，而理則一致。道雖可變，而理則前定。在人類未有發明茶與咖啡作為飲料之前，而如何始可以解渴之理則早已存在。人類發明了飲茶與喝咖啡之後，對於此項解渴之理之存在，則並沒有增添。在未發明茶與咖啡以前，對於此項解渴之理之存在，也並沒有減少。因此，理是不受搖動的，而道則是儘可變通的。只要合乎解渴之理，將來除卻茶與咖啡外，人類還儘可發明新飲料。惟其理是唯一的，絕對的，不變的，所以通常俗話也只說合理與不合理。簡言之，則只是對不對。合了便對，不合便不對。不合於解渴之理，卽不解渴。不合於起飛之理，卽不起飛。而道則可以多端，容許變通，所以我們通常也只說近於道，或遠於道，或說違道不遠，卻不說合道與不合道。

五

現在我們試再進一步，另換一方向講。理先事物而存在，唯一而不可變。我們雖不能創造理，卻能發現理，發明理。換言之，理則是可知的。因理既然早已在那裏，而且又是老在那裏而不變，因此我們今天容或不知有此理之存在，而慢慢地終可知。「格物窮理」之學，即由此而建立。而道則根本並不在那裏，尚有待於某一主動者之由行動來創出道，而道又可常常變，因此道屬不可知。譬如他渴了，你那能知道他必然會找到飲料，又那能知道他必然會喝茶而不飲咖啡呢？此又是理與道之間一絕大不同處。

上面說，理前定先在而可知，但人又何從來認識此先萬物而已存在已決定之理呢？其實此話也只是一理，在人類智識是無法認取此理而與以證實的。在人類，只認為宇宙間一切事物均有其所以然之理，在宇宙間，則並無無理而存在之事物，事物決不能無理而出現。既然事物出現，必然附有理，因此我們說理先事物而存在。若理不先事物而存在，豈不在宇宙間可以出現無理之事物？若此宇宙，容許有無理而出現而存在之事物，則此宇宙，可能有多角之圓形，可能沒有生而死，一切不可想像。明天的宇宙，可能變成一絕不可知的宇宙，人類將不能一日安心居住在此宇宙間。將無處可用心，並亦無所措手足。所幸者，則在此宇宙間一切事物，均有一所以然之理。縱使人類今日智識尚有許多說不出的理，但一切事物則老是這般存在著，好待人慢慢去思索，去探求，去發現。而且既然每一事物都有理，則最先必出於一大理。此一大理，在宋儒則稱之為「天理」。

何以說宇宙一切理，最先必出於一理？因宇宙間若有兩理或兩理以上，則此兩理必然形成兩宇宙，而且此兩宇宙將會永遠衝突，則仍是一不能安住，不可想像之宇宙。因此宇宙只是一完整的，故此形成此宇宙之理，其最先也必然只是一個理。我們只可說「道並行而不相悖」，卻不能說「理並在而不相悖」。若不相悖，則可會通，仍然是一理。因此，就理言，宇宙間必有理存在，而且像是先事物而存在，並且統宗會元，該是只有一個理，卽天理，最大而無所不包之理，老是如此存在著。否則若不先有此一理存在，又或並不止一理存在，又或雖存在而仍可變，則此宇宙到底為一不可想像者，到底將不能使人一日安心居，並亦不能活下去。因此就人類理智言，必然該信此宇宙，有一前定先在而終極為人可知之理存在著。宋儒提出「天理」一觀念，又提出「理先氣而存在」的觀念，大意只如此。其實此一說法，則仍只是一純抽象之理，而無法具體求實證。這一說法，其實在王弼時早已說盡了，卽在宋儒也逃不出王弼所說之範圍。因此一說法，僅只是理當如此而止，無法具體說。具體說了，則又落到事象上，並非此先宇宙而存在的絕對唯一的大理。

六

講到此處，不免又要牽連到另一新問題。宇宙萬物同一理，但並不同一道。有些道屬於人，但有些道則並不屬於人。此等不屬於人之道，就整個宇宙論，顯見比人道的範圍更偉大，因此也更重要。中國古人則混稱凡此等道為「天道」。而「天」又是個什麼呢？此又是一不可知。孟子說：「莫之為而為者謂之天。」我們明見有此等道，但不知此等道之背後主動者是誰，於是統歸之於天。人生則是從可知（人道）而進向於不可知（天道），也可說，乃由於不可知（天道）而產生出可知（人道），而可知（人道）則永遠包圍在不可知（天道）之內。換言之，天之境界高出於人，而人又永不能逃離天。因此人求明道、行道、善道、弘道，必先知道之有不可知，此乃孔孟儒家所謂「知天知命」之學。

所謂知天知命，淺言之，則是須知其有不可知。此一理論，道家莊周，亦如是主張。但人心不肯老包圍在此不可知之內，總想穿破此不可知，而達成為可知。老子即抱此想法。故老子乃試把道的地位倒裝在天之上，他說：「人法地，地法天，天法道。」「道生天地」，但那生天地之道，又是誰在背後作主動呢？這一問，不能不回答，不能不解決。於是老子又說：「道法自然。」在老子之意，他只說，道只是自己在如此，背後更沒有主動，故稱之為「自然」。既屬道自己在如此，則不須再求誰是其主動者。然就上述道字涵義說，道必該在其背後有一個主動。若說道自己在如此，道法自然，則道之本身，似乎已沒有一個規矩準繩了。「道法自然」之說，究是太無把柄，難於捉摸，所以又逼出王弼來，改提出一個「理」字，使問題較易於解決。

因天道雖不可知，而「天理」則可知。道之背後應有一個主動者，而理則是一切事物之所以然，在理之背後更不必求其一主動。這一說法，落到宋儒，便說得更清楚。朱子說：「帝是理為主。」這是說，縱使是上帝，也得依照理，故理便成為上帝的主宰了。若說上帝能創造世界，創造萬物，但上帝也得依照於理而創造。上帝創造了世界，但不能創造此創造世界之理。理規定了一切，同時也可以規定了上帝，因此上帝也只能遵照此理去創造出世界。或者你可說，上帝本身卽是此創造世界之理，但上帝的地位，最高也僅能至此而止。故朱子要說，理卽是上帝，上帝也由理為主了。因此宋儒說「天理」，那是理的地位高過了天。「天理」的「天」字，只成為「理」字的形容詞，與古人說「天道」絕不同。

若說天道，則是天在那裏走它的路，行它的道。如日月循環，寒暑往來，太陽下去，月亮上升，夏天完了，冬天來到，這是天在那裏行它的路。但我們只能知道天在如此行，卻不知天究竟要行向何處去，而且也保不住它是否永遠如此般行。換言之，天是否有意志，有計畫，它的意志與計畫究竟是怎樣呢？這是一不可知。但若說自然，固然天的不可知的問題可以不存在，但自然也該有一個理，我們不能說自然便了，更不問它理。在此上，郭象思想便不如王弼。因郭象注莊子，重視「自然」更勝過了「理」。而老子思想，也不如莊周。因莊周言道，還保留有一「天」，而老子想把那天輕淡地抹去，而僅存有一「道」。易繫傳則承續老子思想，也只存有一道，不再有天了。因此才逼出王弼來。現在再說到理，則顯見與道不同。因理是先定而不變的。正如此刻，諸位聽我講話，究竟不知道我下面定要講一些什麼。但若看我演算草，則幾乎可以不必看，只要懂得了公式，答數一定可得。不論是你演或我演，若不如此答，則準是演算者錯了。

七

我們如此講，豈不是宋儒的「窮理」精神，已遠勝過先秦儒的「明道」精神嗎?·這卻又不盡然。講到這裏，則須牽進到另一問題上去。我們只聽說「天道」「人道」，卻不曾聽人說「物道」。我們也只聽說「天理」「物理」，卻很少有人說「人理」。可見若注重在講道，則天與人對立。若注重在講理，則成為天與物對立。人只包在物之內，不見有它自主自行的地位。若論天道，天屬不可知，因此天的地位高了，而人的地位也隨而高。若論天理，天屬可知，不僅天的地位低了，而人的地位也隨而低。因道之背後必有一主動，人類自身亦為道之主動，而有所謂人之道。因此「天」「人」對立，而人的地位自高了。由於天人對立而可以求達天人相通、天人合一的境界，那是古代中國人求能明道之最高一境界。至於萬物，則並不能主動，因此不能有物之道，物之道則包括在天道之內了。至於理，它是先在那裏規定一切，主宰一切的。人也得受理之規定與主宰，因此人也包括在物之內而僅成為一物。因此只有天理物理，「天」「物」對立，另外更沒有人的地位了。而且天也只成為一物，也在受理之規定與支配。如是則天地萬物合成一體，只有理高出於其上。

如是講來，唯理的世界，其實只是一唯物的世界。不僅沒有上帝，而且也沒有人。此宇宙則僅是一理在主宰而支配著，而此理又只有在物上去求，所以說「格物窮理」。所以此唯理的世界，其實仍是人類所不能忍受的世界。因此，偏重道與偏重理，必然會形成兩種宇宙觀，與兩種人生觀。道的宇宙，是在創造過程中，有多種可能的變動，而且有些處儘可由人來作主。理的宇宙，則先已規定了，在此規定中，無法有變動，誰也不能另有主張，另有活動之餘地。

然則那一種看法對了呢？我想，照中國人看法，即是照中國思想史來講，宇宙本可有此兩種的看法。從某一角度看，此宇宙是動的，能創造，許人插手作主的。另從某一角度看，此宇宙是定的，被規定了，不許人插手作主的。宇宙如此，人生也如此。再換言之，此一宇宙，有些是可知的，而有些則終極不可知。此宇宙決不是全不可知，但也決不是全可知。此宇宙決不是全不可改造，但也決不是全可改造的。此宇宙是被限定的，而在其被限定之內，卻有無限的可能。宇宙如此，人生亦如此。

我想中國人所講宇宙人生的大道理，應該是如上所述的。因此我們若要問，這一個世界，照中國人看法，究竟是道的世界呢？抑還是理的世界？則不如說這一世界乃是「道理合一相成」的世界。不過古代中國人，在「道」字的觀念上，多用了些思想。而後代中國人，則在「理」字的觀念上，多用了些思想。因此，王弼、郭象雖與莊、老立說有異，而畢竟是大處仍相通。程頤、朱熹雖與孔、孟立說有異，而畢竟也是大處仍相通。而孔、孟與莊、老，也仍有其大處之相通，這便成其為中國思想之共通性。

八

現在我們若把中國思想來和西方歐洲人思想相比，讓我們僅從粗大處看，我想，中國人講道，有些處頗近於西方宗教的精神。而中國人講理，則有些處頗近於西方科學的精神。此只如耶穌教傳道，不能說傳理，物理學不能稱物道學，即可見。在中國人思想，相信此整個宇宙，應該有一個內在當然之道在遵循著，也應該有一個主宰，這一個主宰，雖為人類智識之所不可知，而人類仍可就其所知而上通於此不可知，而使此二者合一而相通，這便是中國人的宗教精神之所在。

中國人又相信此宇宙有一個必然之理在規定著，而此項必然之理，就人類智識，可以隨時隨地隨於每一事物而研討窮格之，以達於豁然大通之一境，此即中國人的科學精神之所在。中國沒有自創的宗教而愛講「道」，中國沒有現代西方那一套完整的科學而愛講「理」。在西方，宗教和科學，分道揚鑣，各走一端，正苦無法調和。而在中國則認為道卽理，理卽道。道與理，雖有時應分言之，而有時又常合言之，似乎雖可分而不必嚴格分。若我們依照朱子「格物窮理」的精神直推下去，就成為科學。若我們依照孔子「天生德於予，知我者其天乎」的精神直推下去，也就成為宗教。正因為中國人抱著一種「道理合一相成」的宇宙觀，因此宗教和科學的界線，在中國思想裏，也就融會調和，不見有甚大的衝突。茲再大體比較言之，似乎中國人更重講道，而西方人則偏向於求理。

在西方中古時期，因於宗教精神之太偏於一條路上發展，而彼方遂有所謂「黑暗時代」之出現。最近兩百年來，又因於新科學之突飛猛進，仍是太偏發展，而與社會人文脫了節，又引生出種種毛病。更有一輩思想家，試想把自然科學方面的種種律令，來推測整個宇宙，於是唯物論哲學風行一時。若就中國思想觀點來評判，那是只見了理世界，而不見有道世界。仍然只見了此宇宙之一面相，而忽略了另一面。尤其是他們試將自然科學的律令，應用到人文界。其最極端者，如馬克思的唯物辯證法，與其純經濟的歷史觀，一切皆屬命定必然，個人的地位也全抹殺了。他不知在人類社會中，個人的因素佔有重要的成分。而人類的一切活動與創造，在此有限宇宙的規定中，還容許有無限之可能。他重視了物理，忽略了人道。如我上面所講，他是把在「天」的觀念中所應有的「人」的成分抹去了，而僅留著「物」的成分。最多是只見天理，沒有見天道。因此，又把天的觀念中之「神」的成分，卽為人類智識中所不可知的那一面抹去了。因此，馬克思的宇宙觀，是純物質的，而僅存了物之質與量，好像一切全可知，而由他來制定一演進的程序，於是人類歷史，變成一種前定的必然。他自許他的歷史觀是科學的，而信仰共產主義者，遂不得不成為一個反宗教集團。他的學說思想，仍是太偏陷在一面，而忽略了另一面。若果他的學說思想，眞能暢行無阻，實現到全世界，勢將使人類歷史，重回到西歐中古時期，重來一個新黑暗。

只有在中國，不純粹講理智，不認為純理智的思辨，可以解答一切宇宙秘奧。中國人認定此宇宙，在理的規定之外，尚有道的運行。人性原於天，而仍可通於天，合於天。因此在人道中，亦帶有一部分神的成分。在天，有部分可知，而部分不可知。在人，也同樣地有部分可知，而部分不可知。而在此不可知之部分中，卻留有人類多方活動之可能。因此宇宙仍可逐步創造，而非一切前定。這有待於人之打開局面，衝前去，創闢一新道。此等理論，卽帶有宗教精神，而非純科學觀者所肯接受。這是中國全部思想史所不斷探討而獲得的一項可值重視的意見。

（原載一九五五年一月民主評論第六卷第二期。）

第二講　性命

一

上一講，提出了「道理」兩字，此一講，則另提「性命」二字作講題。道理是在外面的，性命是屬內部的，這是我們自己身體內之所有。若就西方哲學術語說，道理應屬宇宙論範圍，性命則屬人生論範圍。

「性命」二字，也如「道理」二字般，已成為全中國人日常普遍使用的一名詞。說到「性命」二字，有首先值得我們特別注意者，即中國人日常通俗所說的性命，即指人之「生命」言。如云拼捨性命，又言性命休矣，性命難逃之類，皆是。但為何不說生命而偏要說性命呢？這裏卻是一大問題，早在兩千年前，中國思想家已經極深刻地辯論過。

與孟子同時有告子，他曾說：「生之謂性。」此一語，若用今通俗語翻譯，即是說生命即性命。

生命外，更無所謂性命了。但孟子非之，孟子質問告子說：「犬之性猶牛之性，牛之性猶人之性歟？」此卽說：若單講生命，則犬的生命牛的生命和人的生命都一般，沒有大區別。但犬牛和人，在其生命相同之外，還有其各別的性。犬之性不同於牛之性，牛之性不同於人之性，因此，只有在性上，人和犬牛纔見有大區別。若單說生命，則犬牛與人各有生命，人與禽獸的生命，便無法大分別。必須言性命，始見人之異於禽獸，始見人生之尊嚴處。孟子曰：「人之異於禽獸者幾希。」此性命的「性」，卽是人獸相別之幾希處。後代的中國人，大體都接受孟子此意見，故不肯言生命，而都改口說性命。

三國時，諸葛亮出師表：「苟全性命於亂世，不求聞達於諸侯。」當知此所謂苟全性命，決不是苟全生命之義。若求苟全生命，則北走魏，東奔吳，在曹操、孫權處求聞達，一樣可以全生命。可見諸葛孔明高臥南陽，苟全性命，實有甚深意義，極大節操，此乃諸葛孔明高出一世之所在。他所用「性命」二字，乃是儒家傳統思想所特別重視的性命，決不僅指幾十年的生命言。

現在我們要問，孟子之所謂「性」，究竟是什麼意義呢？概括來說，中國人「性」字，涵有兩種意義，一是生之本質，一是生之可能。而古代人用性字，則「可能」義更重於「本質」義。今說犬之性異於牛之性，牛之性異於人之性，卽是說：人有了這一條生命，他所能做出的許多事，和犬和牛之所能做出者不同。故其生命雖同，而在其各有之生命中之可能表現者不同。何以在同一生命中，會有不同的可能呢？這只能說是生命本質之不同。既是生命本質不同，卽無異於說生命不同。人為要自表示其生命之與其他禽獸草木一切生命之不同，故牽連着說性命。因此，中國人通常俗語用性命二字來代替生命，其實已包涵了極深的思想結晶。這一語中，卽包涵著生命之本質與可能，也可說，卽包涵着生命之意義與價值。換言之，這已包涵有甚深的哲學情味。此刻若想把我們日常普遍使用的「性命」兩字，切實明瞭，則又必牽連到全部的中國思想史。

二

現在我們試再問，上面所說的人之性，又是何從而得之的呢？中庸上說：「天命之謂性。」中國人大體普遍承認此一語，卽人之性乃由天命得來。但此處所謂天，又是指的什麼呢？究是指的一位造物主，上帝；抑是指的大自然，如科學家的想法呢？就宗教言，一切萬物皆由上帝創造。就科學言，一切萬物皆是自然演化。但我在上一講裏已說過，在中國思想裏，科學與宗教，兩者間，並無一條很深的鴻溝，把彼此疆界劃分得清楚。因此在中國人，則不說上帝，不說自然，而混稱之曰「天」。但天與人的問題，是中國思想史上一絕大的問題，我們值得時時注意到。現在則首先提出兩層意義來說。

一、人性既是禀賦於天，因此在人之中卽具有天。

二、天既賦此性與人，則在天之外又別有了人。此如說，政府指派一全權代表出國去，辦理某項交涉，此全權代表接受了政府命令，自可運用他的全權，隨宜應變，代表政府，決定一切了。由此言之，人卽是天的全權代表者。惟此所謂全權，自指代表辦理某項交涉言，決不指代表全國之一切政令言。因此，人雖可代表天，而天仍在人之上。人之所得代表天者，卽在人之「性」。而天之所以高出於人之上者，則在天之「命」。若我們要明白得人類生命之本質與可能，及其意義與價值，則該從此「性命」兩字中細參。

三

茲再進一步言之，天既把此性給予人，此性為人所有，故我們得稱之為「人性」。但此性禀賦自天，故我們亦得稱之為「天性」。中國思想中所謂「天人相應」，「天人合一」，其主要把柄，卽在此一「性」字上。故中庸又說：「率性之謂道。」這是說：率循此性而行者便是道。根據上一講，道有天道、人道之別，而此處所謂率性之道，則卽天道，亦卽人道。因天命之性是天人合一之性，故率性之道，亦是天人合一之道。此一性，既是人人所有；此一道，亦是人人能行。試問依循着自己的天性來做事，那一個人不喜歡，又那一人不能呢？因此，中國古人又稱此道為「中庸」之道。宋儒程子說：「不偏之謂中，不易之謂庸。」所謂不偏，也可說，既不偏在天，也不偏在人。深言之，既不偏在出世，也不偏在入世。既不偏在人之外，也不偏在人之內。此乃一種「天人合一」之大道，自可讓我們人類永遠遵循，莫之與易了。

率性之道，既是天人在此合一了，因此易經說：「先天而天弗違，後天而奉天時。」我不必一一探問天的意旨和命令，我只自率己性，照着我性之所欲徑直行去，天自會同意我。何以故？因我性即天所賦與故。這是我們人類最高絕大的自由。我們若明白得我之禀有此性，乃出天心與天意，我們自率己性，卽不啻是依循着天心與天意。我們自可明白，此性乃我們所最該遵依，不宜有違抗。因我若違抗了我之性，這不僅是違抗了天，而且是違抗了我。何以故？因我之所以為我，正為我之禀得有此性。因我禀得了此性，遂使我異於其他一切生命，而確然成其為一我。我今率性而行，這是我在後天而奉天時，這又是我們人類最高絕大的規範。人人不該違犯此規範，同時也卽是人人獲得了最高絕大的自由。因此天人合一，同時也卽是人生規範與人生自由之合一。此卽是我上一講所說，道的世界與理的世界之合一。我們由此參入，又可明白得性命與道理之合一了。

四

現在的問題，則在如何教人去率性？中庸又接着說：「修道之謂教。」教人如何去率性，即在修明此道。中庸又說：「道不遠人。」在我未生以前，早有了人，便是早有了道。既是同類的人，人相同則性相同，在我以前的人，如何率性行道，已有榜樣在前。把此榜樣修明，便可教我們當前人如何去率性。

如人賦有雙目，目能視，此能視即是目之性。因此，人賦有了雙目，總想開眼向外看。若強人閉眼，不許他向外看，那他會覺是莫大的苦痛。若讓他張眼看，他也自會看得見。何以人老想張眼看？何以人一張眼，便可看得見？在中國人說，此即是人眼的天性要如此，人眼的天性能如此。

犬牛也有雙目，犬牛之目也想看，也能看，但與人不同。因犬牛目中所見與人有不同，人目所見，既與犬牛所見大不同，這即是人性與犬牛之性不同。此在中國古人，則稱之為目之「明」。明即指其能視。所謂能視，若深言之，則包涵有正視義。正視謂其看得正確。人之雙目因能正視，看得正確，把宇宙間一切道理都看出了。而犬牛之目則僅能看，卻不能正確地看。因此宇宙間一切道理，都在犬牛目中忽略過。犬牛所見，只是一些物，與人所見大不同，則等於沒有看。

人之雙目雖能正視，卻也未必人人能正視。當知天賦人以雙目，賦人之雙目以能視之性，此乃天之道。人既禀得此雙目，禀得此雙目能視之天性，人還須自己盡量發揮此天性，發揮到最高度，即發揮出目能視之最高可能，此之謂「盡性」。盡性則屬人道，非天道。正如政府派出一全權代表到外國去辦交涉，此是政府事。至於此一全權代表，如何克盡厥職，把此項交涉辦妥，那是此全權代表之事，非屬政府事。

在先早有人，他把雙目能視之天性發揮出，他不僅能視，而且能正視，看出天地間許多道理來。後人繼續他，修明此道，跟著他的道路繼續向前跑，於是因於目之能正視，而我們纔懂得目該向正處視。因此目能視，該包括有兩義：一是「正視」，一是「視正」。所謂視正，亦即非禮勿視義。當知非禮勿視並不是一句消極話，並不重在禁人視，實在是一句積極話，教人如何視，該向何處視。目能視，能正視，能非禮勿視，此始是目之明。若明字，只說是看得見，犬牛之目一樣能看得見，但所看見者有限，斷不能與人比。因此我們說，明是目之性，此乃專指人類之雙目言。若一切生物同有雙目，只能說目之性能視，卻不能說目之性是明。

天賦人以兩耳，耳能聽，而且能正聽，能非禮勿聽，能聽出宇宙間一切有意義，有價值，合道理的聲音來，此之謂耳之「聰」。聰則是耳之性。

耳目視聽，乃天之所以與我者。我能盡量發揮，用雙目來看出宇宙間一切有意義，有價值，合道理之形形色色。用兩耳來聽到宇宙間一切有意義，有價值，合道理的種種聲音。此之謂盡耳目之性，此之謂極視聽之能事，如此而達聰明之極點，則已超出乎人之常情，而可以上儕於神明。換言之，則是上合天德了。所以說：「聰明正直之謂神。」這並不是說，宇宙間，在人類之外另有神的存在，這乃是卽人而為神，卽人之聰明而成為神。人只須率性而行，盡其性，極視聽之能事，達於聰明之極，無邪無枉，正正直直地向這條路發展前進，便卽是盡了人的可能，而人卽成為神。

天之所與，則並不限於耳與目。人之一身，五官百骸，手足四肢，全是天所與。人身每一官骸，每一機能，各具一可能之性。人若能如上述之耳聰目明般，把凡天之所以與我者，一一盡量地發揮，一一發揮出此各各性能之最高可能而使之無不達於極，此始謂之「盡性」。其實盡性工夫也並不難，只在能「踐形」。所謂踐形者，人之一身，具一形，必具一性。人能將此天所賦與之形，一一實踐，而盡量發展出它的最高可能性來，此卽是踐形，也卽是盡性了。

五

說到此處，大家或許會發出疑問說：人只是一個人，那能如我上所說，把耳目手足，五官百骸，割裂破碎，逐一分項，來做踐形的工夫呢？那是不錯的。當知人之耳目手足，五官百骸，綜會起來，則集成了一個「心」。心固是形之主，但心亦不在形之外。禽獸動物，都有身有形，但不一定有心。

縱說它有心，也決不如人心之靈。所以孟子說「踐形」，又要說「盡心」。其實盡心仍得從踐形上做工夫。踐形工夫做到綜合高明處，便是盡心工夫了。目能視，須正視。耳能聽，須正聽。在視聽上做工夫，是踐形，同時亦卽是盡心。所以說：「盡心可以知性，盡性可以知天。」天賦與我此性，若我不盡量發揮我性到最高可能之極限，我卽無從知天心天意之終極之所在。要盡性，則須盡心。要盡心，則須踐形。因踐形是具體可說的，盡心則微妙了，盡性更微妙。急切無從說，則先從踐形盡心上說起。

人同有此形，人同有此心，盡心踐形，應該人人能知亦能行。如人餓了想喫，便須喫，此是踐形。但喫多喫少，喫快喫慢，身體覺得不舒服，便知須飲食有節，這便由踐形轉進到盡心工夫了。嬰孩因知喫奶，遂知愛其母，幼知孝，長而知弟，孝弟之心，似乎已超越出身與形之外，但推原本始，何嘗不從此身此形之最初需要來。只因人心有靈，纔能徑從飲食直進到孝弟，於是由飲食之道一轉卻轉進到孝弟之道上去。這一步邁開來，人和禽獸相殊得遠了。也有些禽獸，有時像近於孝弟，但人心之靈又一轉，卻從修身轉到齊家，轉到治國平天下，那就愈轉進愈遠，與禽獸之道，相差不知其幾千萬里了。但最先則還從飲食之道起，那有人不知飲食之道的呢？因於人心有靈，只要正正直直地由此上達，便轉出許多花樣來。但這些花樣，歸根到柢，我們只能說它還是出於人類之天性，並不曾在人類天性外增添了些子。換言之，人心之靈，這卽是人心內在自有之天性。所以中國俗語常說性靈，又說靈性，這只是說心之靈卽心之性。因此孟子纔又開始發揮他的性善論。「性之善」，「心之靈」，此是中國人對人生之兩大認識，亦可說是兩大信仰。而此兩大認識與兩大信仰，在孔子實已完全把它揭露了。孔子論語常提到「仁」字，此乃孔門教義中最重要的一個字，其實仁字已包括了心靈與性善之兩義。

六

說到這裏，或許大家仍要發疑問，說：人心之靈，人性之善，我們縱然承認了，但芸芸眾生，距離我們的理想境界，畢竟還太遠，縱說人皆可以為堯舜，但畢竟聖人五百年一見，這又為什麼呢？為要解答此問題，讓我們再回想上一講所論的道世界。在中國人看來，道世界是極寬大，極活動的。有天道，同時有人道，天只賦與人以那一個至善之性，至於如何率性盡性而直達於至善，則屬人道一邊，有待於人類自身之努力。因此，人同此性，性同此善，是天道。天只普泛地賦與人以那可能，而如何善盡我性，如何盡量發揮此可能，則是人道。人道則需由個別做起，不由普泛獲得。

若論做，則人人能做。這眞是一條坦易寬平的大道。如飲食，豈不是人人能之嗎？但要做到盡，人道做到盡頭處，便與天道合一了，那則雖聖人也做不盡。中庸上又說：「盡己之性，可以盡人之性，盡人之性，可以盡物之性，盡物之性，可以贊天地之化育。」天之化育萬物是天道，人之盡己性以盡人性物性而贊天地之化育是人道。天道只開一始，卻待人道來完成。天道著手在普泛的一邊，人道著手則在個別的一邊。「人皆可以為堯舜」，是天道。「有為者亦若是」，乃始是人道。若天道侵越了人道，一開眼，滿街都已是聖人，人一生下地，便早是聖人了。身無有不修，家無有不齊，國無有不治，天下無有不平，則此世界不再需要有人道，而人道於是息。惟其天道只開一始，所以是悠久不息的。若天道一開始便把終極點也做盡了，則不僅人道息，而天道也隨而息。中國人的想法則不如此。人還得盡人道。天只與人以一可能，人如何完成此可能，則留待人去做。此事人人能做，卻永遠做不盡。此是天所賦與人的一項大使命，此項使命人人能擔當，卻又永遠擔當不了。這是中國人想像中天道、人道合一相通之巧妙神奇處。

七

說到此處，關於「性」的一邊的話，已說了一大概。讓我們再把此一套中國人的想法，來與世界其他民族對此一問題之想法先略作一比較。首先說到耶穌教，耶穌教義主張人類原始罪惡論，人類祖先因犯了罪惡纔始降生為人類，因此人類非皈依上帝，皈依耶穌，將永不得贖罪與獲救。而若果贖罪獲救了，則人類罪惡消盡，回歸天堂，那世界也絕滅了。中國人想法與此想法之不同處，在認人類降生，它卽擔負了一個大使命。這一個使命是至善的。而天又早已賦與人以完成此至善之使命之可能的本質了，因此人得自己放手做去，卽人心亦卽是天命。天命無終極，人心也只有永遠地向善，向至善之境而永遠地前進。

其次說到佛教，佛教教義之中沒有一個造物主，如是，則此宇宙萬物因何意義而出現，因何意義而存在？佛說那些只是些機緣，機緣湊合則只是偶然的，因此佛法看世界是虛幻不實的，終極是一個涅槃。一切有情是無明，一切存在是執着。在佛法中則只論眞假，不再論善惡。因此佛法說性空，世界畢竟須回到涅槃境。塵世則如大海生漚，偶然地顯現。人須仗自力來超拔，此乃佛法與中國思想之相通處。但此世界畢竟該有一意義，並非畢竟空。則無寧說中國思想在此處，又較近於耶教。

其次再說到近代的科學。近代科學所着眼處，若就我上一講所說，則它只着眼在理世界，不再理會道世界。因此在科學眼光中，此世界也無所謂善惡。人類只求能運用理智識破此世界，把此世界識破了，人類便可為所欲為，更莫能奈之何。因此科學對人類可說有使命，而人類對宇宙，則似乎不再有使命。只求人類能戰勝自然，克服環境，這是科學對人類的使命。人類憑仗科學，把人道克制天道，把人來作宇宙主。豈不是人類對宇宙，由科學家想法，更沒有什麼使命嗎？但在中國思想裏的所謂「盡物性」，重要是在「贊天地之化育」，此宇宙則還得別有一主宰，此是中國思想與近代科學觀點之不同處。

八

繼此我們將講到「性命」之「命」字。「天命之謂性」，人性卽由天命來，那豈不性命一致，更不須區別嗎？這又不盡然。因天命是普泛的，人性善是天所命，則父慈子孝皆天命。但由人道論，慈父不一定遇到了孝子，孝子又不一定遇到了慈父。如舜是大孝，而父頑母嚚，並不慈。當知頑嚚是人一邊的事，天則同賦以善性，但舜之父母則不率其性之善而走上了頑嚚之路。若舜因見父頑母嚚而以不孝來報復，那便是不知命。所謂「知命」，同時有兩意義。一當知，我之孝，乃出自我之天性。此乃天所付我之使命，在我為不可背。何以說我之孝，出天性？此反躬自問而可知。我若反躬自問，我對父母孝，我之所以具此一番情感，是否是眞情感？若是眞情感，則卽證其出自天性了。若不反身向己看，亦得張眼向人看。縱使不見世間人人對父母都有此眞情感，而有些人，如舜、如周公、如晉太子申生、如閔子騫，卻多有此眞情感。旣屬大家是人，人屬同類，則因於舜與周公與申生與閔子騫，而知人人可有此孝心發現之可能。今再問人又為何而不孝？如遇父頑母嚚，覺得此父母不值得我孝，故不孝。可見不孝心由因緣起。換言之，則是有緣故的。照佛法講，因緣法不實，一切有緣故而起的都是不眞實。因若父母回心轉意，不再頑嚚，他轉而為慈父母，那時我也許會感動，也許能成為一孝子。可見我原先之不孝，並非眞實由於我，而乃由於種種外在之因緣。世界一切惡，皆由因緣生。但可以有無因緣之善。如舜，雖遇頑父嚚母還是孝。舜之孝，無因緣可說。因此，惡是緣生的，外起的。善是內在的，自生的。我們便說是天性善。

但我們也可說，人之孝行出於師法與教育，人類一切善行皆由師法教育中培養來。但我們得再問，師法教育又是由何開始呢？舜之時代在上古，那時社會還不見有師法與教育，故孟子說：「舜之居深山之中，與木石居，與鹿豕遊。」然則誰教給舜以一套孝的道理呢？所以人類一切善行，若追溯其最早原始，決不是受人強迫的，也不是經人誘導的，而是自性自行的。換言之，則是一個無因緣而自起的天性之眞實。因此，自性自行，是一絕大的自由，同時也是一絕大的束縛。人類一切束縛皆可求解放，只有自性自行那一種最大的自由，它在束縛人，人不該再向它求解放。中國古人則指說此一種再無從解放者曰「命」。

但人有知命，有不知命。舜之父母因於不知命，在其自性之善之慈之外，蒙上了一層世俗惡習頑與嚚。這一套世俗惡習，則是有因緣湊合而起的。聖人知命，則不僅知自己之必當孝，又知父母之必當慈。而我父母之所以成為不慈者，因有種種因緣湊合，因緣湊合，並不是天所命，而世俗也一例稱之曰命。我父母遭遇此種非命之命，而不能擺脫不能自由，我只該對他們同情，對他們抱憐憫心，抱慈悲心，卻不該對他們起敵對心，仇恨心，與報復心。此亦是「知命」。如此則舜因盡己之性而同時便已盡人之性了。中國人說：「天下無不是的父母。」應該從這裏講進去。換言之，則是天下無不善之人，因此孝子不待於父母之感格，而早已盡了父母之性。因此說盡己之性便可以盡人之性了。

人不僅當孝於家庭父母，還當忠於世界人類。但世界人類並不忠於此一人。若此一人是聖人，他當知，世界人類所以不忠於我者，自有種種因緣，此種種因緣，在中國古人則也說它是命。

照理，天賦人以善性，人能率性而行便是道。則大道之行，是極為自然而又是當然的，而且也是必然的。但大道終於有時不行，這又是什麼緣故呢？在聖人知命者，則說是命也。因大道既本於人性，故說道不遠人，則照理應該沒有人反對道。道既合於人類天性之普遍要求，而又是盡人可能者，而終於世界有無道之時，行此大道者，終於所如不合，到處行不通，這又為什麼呢？中國聖人則說這是命。若用佛家術語說，則其中有種種因緣，而那些因緣，又未必盡為人所知。所可知者，則其中必有種種因緣而已。聖人知道了此一層，認為此是命。

如上所講，中國古代思想中所謂「命」，可涵有兩義。一是「命在我」，使我不得不如此做。一是「命在外」，使我如此做了卻不一定做得通。孔子所以「知其不可而為之」，此乃孔子之知命。讓我再舉一淺例，如政府派我出國辦理一交涉，我的使命我知道，但我所要辦交涉的對手方，我可不知道。孔子曰：「知之為知之，不知為不知，是知也。」我們必該同時知道此兩面。在莊子書裏，也常講到這些話。只因莊子太注重在命之在外而不可知的一面，對命之在我而可知的一面，沒有能像儒家孔、孟那般把握得緊。因此，孔、孟與莊周，同樣是樂天知命，而孔、孟更積極。孔子說：「不怨天，不尤人，下學而上達，知我者其天乎！」天賜給人類以至善，連我亦在內，我得此至善之性於天，我對天復何怨？至於人之不善，因其牽累於種種外在因緣之故，今我獨幸而能擺開了此種種外在因緣，我當自慶幸，而悲憫人，那於人又何尤呢？我則只在我所知所能的一面盡力，此之謂「下學」。但由此「上達」，卽面對着整個的天命。世人因其牽累於外在之種種因緣而不我知，那只有天，該能知得我。這是孔子的一番樂天知命之學，這正代表著東方中國人一種最崇高的宗教精神呀！

九

上面所講，算把古代中國人對於「性」「命」兩字的涵義，約略都說出了。性命卽是人生，上面已說過，因中國古人看人生，不專從其所賦得的生命看，而進一步從所賦得的生命之內在本質及其應有可能看。換言之，卽從生命之內涵意義與其可有價值方面看。而且不僅從自己一面之努力與奮鬬進程看，還從其奮進歷程之沿途遭遇及四圍環境看。這是古代中國人的性命觀，而它已包有了全部的人生觀。

但上面所講，實則偏重在道世界的一部分，因此挾帶有一種極深厚的宗教情緒，教人積極地向前。後代中國人，漸漸轉移目光到理世界。用近代術語講，此乃一種科學精神逐漸換出了向來的宗教情緒，因此後代中國人對性命兩字的看法，也連帶有些處和古代中國人不同。在古代中國人意見，命有一部分可知，一部分不可知。可知者在己，在內。不可知者在天，在外。人應遵依其所知而行向於不可知。人人反身而求，則各有其一分自己可知的出發點。人生如行黑暗大曠野，只有隨身一線燈光，但憑此一線燈光所照，四周黑暗則盡成為光明。行人卽可秉此勇敢向前。行到那裏，光明卽隨到那裏，四圍黑暗都驅散了。而此一線光明，則人人皆具，因此人人盡可有光明。但若要驅散此大曠野中全部黑暗，則無一人可能。此是性命之古義。但人總想多驅散些四圍黑暗，於是不向自身求光明，而轉向外面去求光明。後代中國思想，便逐漸有些轉移到這一面。

宋儒說：「性卽理」，此語與「天命為性」，「率性為道」有不同。顯然一面注重在道世界，一面注重在理世界。人當自盡己性來明道，此是中國古代人觀點。人當窮格物理來明性，此是中國後代人觀點。他們說「性卽理」，此理字包括了一切物理，如柴胡性寒，附子性熱，一切藥理便卽是藥性，理既前定，則性亦前定。換言之，後代中國人言性，已偏重在其本質上，因其本質如此而才始有可能。這一轉變，卽從本質到可能，與從可能到本質，卻可演繹出許多絕大的不同來。若注重可能說，率性始是道，而道之不行則在命。現在則說性自始卽是合理的，不待盡性而性已是至善的。

然則人間何以有種種的不合理事出現呢？後代中國人則歸罪於人身附帶了許多「欲」。本來人身五官百骸，每一官骸卽代表著一種欲，如目欲視，耳欲聽，手欲持，足欲行。人生卽是百欲之集合體。宋儒稱此為「氣質之性」，氣質之性是落在身體物質之內以後的性。在其未落到身體物質之內之前，他們認為這才始是「天地之性」。換言之，理先在故性亦先在，他們認為只有天地之性才始是至善，待其一墮落到氣質中，便不免有善又有惡。在其未落實到氣質以前，此宇宙如一光明琉璃世界，竟體通明，是一大至善。一切惡則在氣質上，在人身上。人身自阻礙了此光明。外面光明給阻塞了透露不過這身，人身則如一團漆黑。毛病則生在人身之有許多欲，故須變化氣質，把氣質之性反上去，再反到天地之性之至善境界去。

這一說，把「天理」與「人欲」對立起來，似乎帶有更嚴肅的宗教氣。但宋儒重於講天理，天理是先在的，而且是可知的。伊川說：「理者天之體，命者理之用」，如是則把古代中國人的天命觀念全變換了。宇宙只是一個合理的宇宙，宇宙不能有絲毫多餘越出於理之外。故說理者天之體，這明明是把「理」字的觀念來代替了古人「天」字的觀念。換言之，則除理之外更沒有所謂天，如是則那會有天之命。因此說，命只是理之用。這樣一來，把「命」的觀念也縮結到「理」的觀念下，命不再是不可知之天在賦與人以某種偉大的使命，而變成只有人生一些外在偶然的遭遇，與一切氣質上的限制，才算是命了。這一種遭遇與限制，當然仍是理的作用。但理則無意志，無情感，只是一種生硬的，冷靜的，老在那裏規定著一切。即使有上帝，也莫奈之何的。於是理既是靜定的，而命也是靜定的。硬繃繃，沒生氣。而人性物性，也一切全是理。

此處可悟宋儒所謂「萬物一體」，這一個大全體則便是理，理是天之體，自然也便是萬物之體了。人的地位，在此理的觀念之中，則與萬物成為一體了，如是則人性也好像只是生硬的，冷靜的，沒有情感與意志參雜進，因此程伊川要說「人性中那有孝弟來」。如是則宇宙只是一個合理的宇宙，而人生也只該是一個合理的人生。宇宙原始出自理，原始合下本來是一個合理的，待其降落到具體事狀上，因為羼進了氣質，羼進了人的私欲，才致不合理。理是一個大全體，是公的，所以稱「天理」。欲則發於各個體，是私的，所以稱「人欲」。但天地間一切氣質，推原究竟，仍還是出於理，理亦仍還附隨於氣質而呈現，為何一落氣質便成為有善有惡，而走失了純理的原樣呢？這一層，在宋儒沒有妥適的解答，所以要招來後儒之抗議。

一〇

現在再綜述上說。人生在道的世界中，是該前進的，該有人的意志與情感的成分參進，向理想之道而奮鬬，而創闢。但人生在理的世界中，則只是回顧的，是返本復始的，不再需有人的意志與情感。所謂率性行道，其先行工夫則在格物窮理上。因宇宙與人生，全給此理預先規定了。故人生至要，在格窮得此理。這一種的性命觀，似乎把古代中國人思想，尤其是孔、孟思想中所帶有的一種深厚的宗教情緒沖淡了。

但宋儒講學，仍不脫有極嚴肅的宗教氣，這為什麼呢？因宋儒思想中，已羼進了、染上了，許多魏晉以下道家與佛家的思想在裏面。道家是一向嚮往於返本復始的。佛教的涅槃境界，亦是一種宇宙開闢以前的境界。道、佛兩家，雖形成為中國社會的兩宗教，但他們的教理中，都不信有上帝和造物主。反而孔、孟儒家，還沒有把古來素樸的天帝觀念破棄盡。但古儒家的宗教情緒，是積極奮鬭向前的。而道、佛兩家教理，則教人靜觀清修，意態偏近於消極。他們的理想，不在積極向前，開闢新道，而在回頭轉身，歸到宇宙的原始境界去。在宇宙的原始境界裏，根本便沒有人類之存在。而在此宇宙中，又沒有一位上帝在創造，在主宰，如是則人類只是偶然地出現而存在。因此，道、佛兩教對於此人類之偶然出現而存在，並不承認它有代表著宇宙開展向前之一項大使命，而人生現實，則變成是終極無味的。

宋儒刻意要扭轉這一個觀念，他們仍要建立起人生的積極意義來。他們把一個「理」字，來替出了道家之「無」與佛家之「涅槃」。他們因此承認宇宙是一個合理的宇宙，則人生也該是一個合理的人生。其出現，其存在，都有理。其所以要修身、齊家、治國、平天下，也都全有理。但把人之所以要修身、齊家、治國、平天下的一段心情，卻輕輕放過了，而但求其合理。理則是外在而先定的，中間揷不進意志與情感，如是則理想的人生中，豈不也用不到情感與意志。宋儒似乎把一「欲」字來替代了人的情感與意志一切動進的部分了。如是則人生只求合理，便成為一個終極靜定的人生，在人生中減輕了人自身之主要活動。他們所謂的人性，也只偏重於人性之「本質」，而忽略了人性之「可能」。古儒家從人性可能來講人性本質，而宋儒則倒轉來從人性本質來講人性可能。此一轉嚮間，情味精神都不同了。周濂溪提出「主靜立人極」的主張，為此後理學家所承襲。如是則人生中，缺少了人自身的活動，於是激出陸、王一派，要重把人自身的成分加重。因此陸、王講學，都必推尊到孟子。

一一

說到這裏，另有一點須分說。宋儒講格物窮理，又與近代西方新科學興起後的人文精神有不同。因西方新科學興起，乃在他們文藝復興之後，他們正從中古時期耶教教理中脫出，他們要由靈魂回返到肉體，高擡人的地位，重視現實人生。因於新科學發現了種種物理，把物理看明白，正好盡量發揮人生欲望，一意向前，無限向前，來克制自然界。因此近代西方，科學發明，只供現實人生作利用。換言之，科學發明是工具，是手段，科學為奴不為主。中國宋儒則先認定宇宙原始是一個理，而人生開始，一落實到氣質上，便有些不合理。把人生認為自始有不合理，而努力求向於合理，此乃宋儒思想中，仍帶有宗教性之處。所以認為人生自始即不合理，此乃受道、佛兩家的影響。所以仍主張宇宙原始合理，而人生必回歸於合理，則由古代儒孔、孟思想中轉化來。因此宋儒格物窮理，乃是把理來作一切之主宰，他們把人文道德與自然物理，一並用一個理字來包括。研窮物理，並不在供人利用，正為要發現出人性本質，來指示人生所應有之一切規範。因此，近代西方科學是「明理以達欲」，它的終極精神是動進的。而宋儒格物窮理是「明理以克欲」，它的終極精神是靜退的。

近代西方科學精神，用來供人生之驅遣，其毛病則出在如宋儒所指出的人欲上。他們無法對人欲施以節制與規範，而只想用科學來滿足人欲。不幸而人欲到底有無可滿足之一境。最近西方思想界，正想再回頭到耶教教理上來補救此缺陷。但在西方思想中，科學與宗教，顯然是分道揚鑣，各不相顧的。能否重振耶教教理來補救此科學世界中之人欲橫流的現象呢？此在近代西方思想界，正是一該努力探討的大問題。若如馬克思一派所謂科學的歷史觀，他們也想把自然科學界所發明之一切律令來律令人生界。人生是唯理的，是一切前定的，因此人生只許有公，即羣眾與階級，而不許有私，即個人與小社團。公的便是理，私的便是欲。把公來克制私，把理來克制欲，這是宋儒所最鄭重提出的。但宋儒是要每一個人從其自心內部之代表公的理的部分，來自己用力，來克服他自心內部之代表私的欲的部分，那仍是屬於個人自身自心事，仍是屬於個人之道德範圍，自由範圍內。現在則在人的外面，用羣眾來抑制個人，這是一種社會的，外力的，從高壓下。因此宋儒仍不脫宗教性，而近代西方之唯理論者（在他們則自稱唯物論者），則轉成政治性。他們先要奪得政權，然後再把他們之所自認為理者來強制一切人，來壓迫一切人。清儒戴東原著孟子字義疏證一書，力排宋儒所主「理欲之辨」，認為是意見殺人。其實宋儒主張，並不如戴東原所斥。但現在的共產主義階級鬪爭與極權政治，卻眞如戴東原書中所斥的以意見殺人了。

宋儒說，在人性中，有天理的部分，他們稱之為「天地之性」。有人欲的部分，他們稱之為「氣質之性」。人則必然該把自己人性中的天理部分來克制自己人性中的人欲部分。而現在的共產主義者，則決不承認有人性。只把人，在其經濟背景下，分成為兩部分。一部分代表著公理，一部分代表著私欲。於是那一部分代表公理的，待其奪得政權後，便把這一部分代表人欲的改造，改造不成，那就該剝奪其生存權，不許其再存在。那樣的橫施壓迫，即在上帝，也並無此權力。耶教雖主張人類的原始罪惡觀，但也還得留待世界之末日審判，並不主張即在當前現實世界來清算人類一切罪惡呀！所以我們說：共產主義乃是一種以意見殺人的理論，這是絲毫不錯的。

我們根據上述分析，因此說，後代中國人思想，雖和古代中國人思想有不同，但還不失其有傳統上的一貫性。還是在尊重人性，還是在主張個人之自性自行之最高自由。這一層，是宋儒程、朱所以仍不失為古代儒家孔、孟傳統之所在。

（原載一九五五年二月民主評論第六卷第三期。）

第三講　德行

一

上面我們已講過了兩次，一次講的是「道理」，一次講的是「性命」。道理是從外面講，性命是從內部講。

若我們向外面看世界，可有兩種不同的看法，一是看成為一個「道的世界」，一是看成為一個「理的世界」。道的世界是正在創造的，理的世界是早有規定的。實際世界則只是一個，我們可稱之為「道理合一相成」的世界。道的世界是活動的，但其活動有範圍，有規定。理的世界是固定的，但在其固定中，仍容有多量活動之餘地。

我們講道理，主要是講一種「宇宙觀」。講性命，則主要在講「人生觀」。

人生也可分兩部分來看，一部分是「性」，人性則是向前的，動進的，有所要求，有所創闢的。

一部分是「命」，命則是前定的，即就人性之何以要向前動進，及其何所要求，何所創闢言，這都是前定的。惟其人性有其前定的部分，所以人性共通相似，不分人與我。但在共通相似中，仍可有各別之不同。那些不同，無論在內在外，都屬命。所以人生雖有許多可能，而可能終有限。人生雖可無限動進，而動進終必有軌轍。

上面兩講，一屬宇宙論範圍，一屬人生論範圍，大義略如此，但所講均屬抽象方面。此下試再具體落實講，將仍分為兩部分。第三講的題目為「德行」，此一講承接第二講，為人生界具體落實示例。第四講的題目為「氣運」，承接第一講，為宇宙自然界作具體落實之說明。

二

中國思想與西方思想有一極大不同點。西方有所謂哲學家，但中國則一向無哲學家之稱。西方有所謂思想家，但中國也一向無思想家之稱。若我們說，孔子是一個哲學家，或說是一個思想家，在我們終覺有些不合適。這一點心理，我們不該忽略與輕視，因在此上，正是中國思想與西方思想一絕大不同之所在。

我們中國人，一向不大喜歡說：某人的哲學理論如何好，或某人的思想體系如何好，卻總喜歡說某人的德行如何好。這一層，我們可以說，在中國思想裏，重德行，更勝於重思想與理論。換言之，在中國人心裏，似乎認為德行在人生中之意義與價值，更勝過於其思想與理論。這一層意見之本身，即是一思想。它的理由何在？根據何在呢？這值得我們來闡述，來發揮。

我們也可說，上一講「性命」，是講「人生原理」。這一講「德行」，是講「人生實踐」。但「德行」兩字，也該分開講。讓我們先講「德」，再次講到「行」。

三

「德」是什麼呢？中國古書訓詁都說：「德，得也。」得之謂德，得些什麼呢？後漢朱穆說：「得其天性謂之德。」郭象也說（皇侃論語義疏引）：「德者，得其性者也。」所以中國人常說「德性」，因為德，正指是得其性。唐韓愈原道篇裏說：「足乎己，無待於外之謂德。」只有人的天性，自己具足，不待再求之於外，而且也無可求之於外的。但如何是所謂得其天性呢？讓我們再逐一細加分說。

原來人生是得不到什麼的，是到頭一無所得的，也可說人生到頭一場空。死了，能帶些什麼而去呢？人生必有死，所以說到頭一場空。且莫說死，在其生時，我們又能得到些什麼呢？仔細講來，還是無所得。就常情說，人生總該有所得，讓我們且分幾方面來講。一是得之於當世。上面我們已講過，人生卽代表著許多欲望，如目欲視，耳欲聽，人身上每一器官，卽代表一欲望，或不止代表一欲望。如人的口，既要吃，又要講話，至少代表了兩欲望。人身是欲望之大集合，滿身都是欲望。欲望總想能滿足，可是某一欲望之滿足，同時卽是某一欲望之消失。因此一切享受皆非得。如吃東西，又要吃美味的東西，但只在舌尖上存留不到一秒鐘，咽下三寸喉頭便完了。食欲味覺是如此，其他欲望又何嘗不然呢？立刻滿足，卽立刻消失了。禮記說：「飲食男女，人之大欲存焉。」人類要保持生命，有兩大條件，卽飲食與男女。因此飲食男女成為人生基本兩大欲。我們誠該有飲食，誠該有男女。但如色欲，又能得到什麼呢？豈不仍是同時滿足，也卽同時消失了麼？

人生在世，總想獲得財富，但財富是身外之物。若說憑於財富，可以滿足其他欲望，則一切欲望既是在滿足時卽消失了，那不還是到頭總是一無所得嗎？權力更是間接的，地位又是間接的，名譽仍然是間接的。人有了權，有了位，有了名，可以有財富，有享受。孔子說：「君子疾沒世而名不稱。」那是在另一意義上講的話。若就名譽本身論，「寂寞身後事」，「身後是非誰管得？滿村聽說蔡中郎。」流芳百世，與遺臭萬年，在已死者本身論，同樣是寂寞，豈不是絲毫聲音也進不到他耳朵裏了嗎？若說建立功業，功業在滿足其他多數人欲望，在建功立業者本身，至多因建功業而獲得了財富權力地位與名譽，如上所分析，他又竟何所得呢？而大多數人欲望之滿足，豈不還是在獲得之同時又消失了？所以人世間一切功業仍還是一個空。佛教東來，卽深細地發揮了此一義，佛學常語稱之為「畢竟空」。人生一定會落到畢竟空，而且人生自始至終，全落在畢竟空的境界裏，這是誰也不能否認，誰也沒有辨法的。佛家教人眞切認識此境界，然後能安住在此境界中，這卽是佛家所謂涅槃境界了。其實涅槃境界，還是一無所得，還是畢竟空。只是人不瞭解，硬要在此畢竟空的境界裏求所得，硬想滿足自己一切欲望，這便形成了人生種種愚昧與罪惡。

佛家在此一方面的理論，實是大無畏的，積極的，勇往直前的。他看到了，他毫不掩飾隱藏，如實地指出來。耶教又何嘗不然呢？耶教教理說人生原始是與罪惡俱來的，要人信耶穌，求贖罪，死後靈魂可以進天堂。天堂縱或與涅槃有不同，但此眼前的現實人生，豈不也如佛教般認為是畢竟無可留戀嗎？耶穌上了十字架，是不是他得了些苦痛呢？是不是他得了一個死刑呢？那些畢竟是一個空。苦痛也罷，死刑也罷，過了卽完了，而且是當下卽過，當下卽完的。因為這些都不足計較。大凡宗教家看人生，無論古今中外，怕都是一色這樣的。

為何中國人不能自創一宗教？為何宗教在中國社會，終不能盛大風行呢？為何一切宗教教理，不能深入中國人心中呢？正為中國人看人生，卻認為人生終是有所得。就普通俗情看，說中國人是一種現實主義者，但深一層講卻並不然。中國人心中之所認為人生可以有所得，也不是指如上述的一切現實言。而中國人心中則另有一事物，認其可為人生之所得。這一事件，也可說它是現實，也可說它非現實。讓我再進一步來申說。

四

中國人認為人生終可有所得，但此所得，並不指生命言。因生命必有終了，人生終了必然有一死，因此生命不能認為是所得。至於附隨於此生命之一切，更不能算是有所得。此一層，中國古人也看到，只沒有如其他宗教家般徹底盡情來描述它。因在中國人心中，認為在此生命過程中，人生還可有所得，而求其有得則必憑仗於生命。因此中國人對生命極重視，乃至附屬於生命之一切，中國人也並不太輕視。孟子說：「食色性也。」飲食男女既為人生所必需，並可說此乃人生本質中一部分。因此在人生的意義與價值內，即包括有食與色。孟子說性善，連食色也同是善，此乃人生之大欲，人生離不開此兩事。食色應還它個食色，不該太輕視。孟子又說：「可欲之謂善。」食色是人生中可以要得的兩件事，而且是必需要的兩件事，因此也是「可欲」的，那能說它不是善？但人生不能盡於食色而止，食色之外，更有較大的意義與價值該追求。人生欲望有些要得，有些要不得。餓了想吃，是應該的，是可欲的。但若專在吃上著想，求精求美，山珍海味，適成為孟子所說的飲食之人，好像人一生來只專為的是吃，那就要不得。

我們既說是要得的，我們便該確實求有得。如餓了想吃便該吃，而且須眞個下嚥了，進到胃裏消化著，這才是眞有所得了。故孟子又說：「有諸己之謂信。」「信」是說眞的了。眞有這一會事，眞為我所得。如在我面前這一杯水，我須拿到手，喝進口裏，眞的解了我之渴，這才是有諸己之謂信。畫餅充饑，望梅止渴，既非眞有諸己，便不是信。

孟子又接著說：「充實之謂美。」譬如吃，若餓了，吃得一口兩口，譬如飲，若渴了，喝得一滴兩滴，不解我饑渴，那還不算數。人生凡遇要得的便該要，而且要眞有得，又該得到個相當的分量。如見一塊羊肉，那不算，須能眞吃到那羊肉。而且只吃到一絲一片，嘗不到羊肉味，仍不算。必須成塊吃，吃一飽，我們才說這羊肉味眞美。美是美在其分量之充實上。如路見美女，瞥一眼，覺她美，便想和她能說幾句話，成相識。相識了，又想常交往，成朋友。友誼日深，又想和她能結合為夫婦。結合成夫婦了，又想能百年偕老。甚至死了，還想同葬一穴，永不分離。這才是美滿。常俗所言美滿，卽是孟子所謂之充實，此乃「圓滿具足」義。故不滿不充實者卽不美。

諸位或許會生疑問，孟子所講，乃指德性言，不指食色言。然當知食色亦屬於德性。德性有大小，有深淺，然不能說食色非德性。中國古人講人生，特點正在如是般淺近，不僅是大家懂，而且大家正都在如此做。由此基點，再逐步推到高深處。因此其所說，可成為人生顚撲不破的眞理。宗教家講靈魂，講上帝，講天堂，講西方極樂世界，講涅槃，這些在眞實人生中，並不曾實現，並不能實有諸己，更如何去求充實。凡各派宗教所講，只要確能在眞實人生中兌現者，中國人則無不樂於接受。但遇不能證明，不能兌現處，中國人便不肯輕信。宗教必需得信仰，但都是信其在我之外者。而中國人則求其能眞實在我之內，眞實有諸己，才說是可信。因此中國人講人生眞理，不大喜歡講「信仰」，而最喜講「體驗」。體驗是實有之己，當下可證可驗，要不信而不可得。然後再在這些可證可驗的事物上求充實，求滿足，求推擴，求進步。

充實之不已，便會發生出光輝。如電力充實了，那電燈泡便發光。人生發出光輝來，向外照射，這光輝超越了他自己，可以照得很遠，把他的生活圈放大了，這才叫做大。故孟子又接著說：「充實而有光輝之謂大。」人生到了大的境界，便會對內對外發生多樣的變化來。讓我再作些淺譬，如一人，飲食充盈，肌膚潤澤，便見容光煥發，那卽是身體內部充實而發有光輝了。又如一家和睦，夫婦好合，父慈子孝，兄友弟恭，家業隆起，博人涎羨，那卽是此一家內部充實而發有光輝了。當然，上引孟子所指，並不在飲食上，不在男女上。孟子所指則指人之德性言。人能在德性上發出光輝，才始是「大人」。但德性並不是神奇事，人人具有，人人生活中皆具見有德性。我們不妨先從淺處說。當知愈淺便愈眞，人生眞義卻正在那些淺處。

大了才能有變化。孟子又接著說：「大而化之之謂聖。」此所謂化，不論內部與外部，因其光采燭照，可以隨意所之，發生種種的變化。這是中國人的理想人生到達了最高的境界，那便是「聖人」了。既是大而到了能化的境界，化則不可前知。因此孟子又說：「聖而不可知之之謂神。」此所謂神，並不是超出了人生界，到另一世界去。其實則仍只是一個人，仍在此人世界，只是人到了聖的境界，而不可前知了，我們便說他是神。這是人而神，所以中國人常愛說「神聖」。

五

讓我把孟子這番話，再重複說一遍。人生到這世界來，一張眼，五光十色，斑駁迷離，我們該首先懂得什麼要得，什麼要不得。其次，要得的便要，要不得的便不要。第三，要得的便該要得充足無缺陷。第四，要得充分圓滿具足，到那時便能大，便能有變化。如何說充實具足便能大，便能有變化呢？譬如山高了，便生雲氣。水深了，便起波瀾。人生墜地，赤裸裸，一切欠缺，儘向外求充實。最先是飲食，其次是男女。當他永遠在向外尋覓一些來補充自己赤裸裸一身之所缺，那他的人生永遠限於一個身。人生只是身生，又和禽生獸生有何分別呢？但到他成人了，成家了，生男育女了，那不僅是向外有所取，而且是向外有所與，他的人生已不限於身生，他的生活圈放大了。他的滿身精力已化為光彩，向外發射了。所以他以前是一個小人，此後則成為一大人了。小人指其生活在小圈子而言。小圈子的生活，我們稱之為「身生」。大人指其生活在大圈子而言。大圈子的生活，我們稱之為「人生」。小人生活，則專想把外面一切來充實其身生。大人生活，則把身來供獻與人社會。把身來供獻給人社會，遂於此見德性，於此發光輝。如是，則大家把他的生命光彩放射到外面去，在人社會中交光互映，自然會生出種種的變化。

人生若能照此指向，不走入歧途，人人能在充實的生命中，發越出光彩。光彩愈放愈大，只要他光彩所到，那裏便化成為光明。在他個人，是一個大人，是一個聖人，而更進則像是一神人了。若使人人如此，便見人生之偉大，便達人生之聖境，也可希望人生之神化了。到那時，人生界已不啻是天堂，是極樂世界，是神仙下凡。既是人皆可以為堯舜，便是人皆可以成神。只由人生實踐，一步一步達到了近是神，這豈不是人生還是終極有得嗎？只是其所得則決不在生命外，而在由於其生命過程中所完成的德性上。

六

上一講已說過，天賦人以性，因有此性始成其為人，亦始成其為我。由性始有德，故中國人常連稱「德性」。如人有孝性，便有孝德。人有至善之性，便有至善之德。德又稱「品德」，品有分類義，又有分等義。人雖同具善性，但個性不同，善可以有許多類之善。人之完成善，又可有許多等級。聖人則是至善而為人中之最高等級者。

天既賦我以善性，因此我之成德，乃得於己之內，得於我之所固有，而非向外求之而得者。惟其是得於己之內，故要得則必可得。所以說：「君子無入而不自得。」又說：「君子素其位而行，素富貴行乎富貴，素貧賤行乎貧賤，素患難行乎患難，素夷狄行乎夷狄。」時代環境，儘管有甚多的差別。但處此時代與環境者，則總是一個我，總是一個己。我總是向自己求，則一切時代環境外面變化，可以全不成問題。

但求而得之的究是什麼呢？所謂「自得」，不僅是自己得之，同時是得了他一個自己，即得了一個「我」。試問若得了其他一切，而失了我，那樣之得，又有什麼意義呢？若我得了財產，我成為一富人。一旦破產了，我又成為一貧人。但貧富雖不同，我仍是我，於我則無所失。若我處安樂，我成為一安樂人，一旦陷入患難，我又成為一患難人。安樂與患難雖不同，我仍是一我，我仍無所失。但試問，所謂「我」者又究是什麼呢？你若說，我是一富人，這不可靠。因你或許一旦會變成一窮人。你若定說你是一富人，一旦窮了，這不是失掉了你了嗎？縱使不變窮，死了，財帛珠寶，帶不進棺材，你仍是失掉了你。當知人之生，天賦以人之性，因其具有了人性，始成其為人，不能說有了財富安樂，始成其為人。於人之中有我，因我在人性中，又有我自己之個性，纔始成為我，不是有了財富而始成為我。但個性又指什麼而言呢？如舜是一大孝人，周公亦是一大孝人，孝是一種德性。舜與周公完成此德性，所以舜與周公是孝子。孝子是人生中一品目，一樣色，舜與周公則確然成為一個有品有樣子的人。但舜與周公，一處貧賤，一處富貴，一處安樂，一處患難，時與境絕不同，可見時境與人生實無大關係。

我要孝，我便能得孝，孝是「率性」，同時是「立命」。因我要得便可得，故說是立命。而且孝出乎人之天性，我要孝，則只是要孝，孝之外無他求。因此行孝乃當下而卽是，現前而具足，報應卽刻兌現，所謂心安而理得。如是則孝之德，乃是一種大自由與大自在。此種自由自在，中國人又稱之為福。故又稱自求多福，又常福德兼言。當知只有有德人，纔始是有福人。

中國人又常重德不重才。因德乃求之己而無不得，因此重德便走向安與平。才則求之外而不必得，因此，重才可以走向危與不平，卽亂。重德便有福了，太平了。重才便各向外面去求得，才儘大，他的生活圈，卻可反成小。因此小人也可有才，卻不能說他可有德。

或許人會說，舜與周公死了，豈不那孝行也完了嗎？當知舜與周公雖死，但他們生前，由於他們之孝行而發越出光輝，此種光輝則常存天地間人世間。所謂光輝，須得映照進別人心裏，再反射出來，始成是光輝。富人照耀人眼者，是他的財富。財富失去，他便闇然無色了。而且，財富決不是生命，孝行則是生命本身眞實的表現。所以獲得財富，並非獲得了生命。質言之，彼乃以生命去換得了財富。舜與周公，則以孝行獲得其生命之充實。

人或許會問，若說孝獲得了生命之充實，不孝與貪財，豈不同樣也獲得了生命之充實嗎？但人誰肯自認為不孝與貪財呢？當知不孝與貪財是惡德。所以說是惡德者，因人若不孝與貪財，必深自掩藏，不肯坦白自承認。世儘多不孝與貪財人，但相互間，並不相崇敬。但孝子與疏財仗義人，不僅彼此知相慕敬，卽異世人亦慕敬之不衰。世間只聞有孝子感化了不孝子，有疏財仗義人感化了貪財者。絕不聞有不孝子感化了孝子，有貪財人感化了疏財仗義人。此因孝與疏財仗義，乃人類之公心，卽人之「性」。故人心凡具此德，便易聲氣相通，風義相感召，故稱這樣的人為大人，說他有光輝，能照耀，能把人世間黑暗也化為光明。至於如不孝與貪財，此乃出自各人個別之私心，卽人之「欲」。既是私心各別，故聲氣不相通，無所謂風義感召。這樣的人，老封閉在自己私心私欲的小圈子內，只稱是小人。他沒有光輝照耀到外面，外面光輝也照耀不透他的心。在他生時，已是漆黑一團，與外面人生大圈隔絕不通氣。他死了卽休，那能說他也獲得了生命之充實？

只有具公心公德的人，纔是充實了生命，纔可供給別人作榜樣，我們稱他是一個像樣人，卽有品有德人。只要有人類生存，只要那人生大圈存在，那些像樣人，有品有德人，永遠把他那樣子卽「品德」留在人心與人世間。讓我舉近代人作一例，如孫中山先生，他也處過貧賤，也處過富貴，又處過患難，又處過夷狄，但孫中山畢竟完成了一個孫中山，他已完成了一個大人樣子。因他有品有德。今試問，孫中山先生畢生究竟獲得了些什麼呢？若說他留了名，則「寂寞身後事」，苟非有得，則身後之名又何足貴。若論他功業，他手創中華民國，到今還是多災多難。他自己臨死也曾說「革命尚未成功」，這也不算有所得。然則他究竟得了些什麼呢？我們只能說，孫中山先生成了品，成了德，卽成了他那一個人。他那一個人，已投進了人生大圈了。因此他有福了。袁世凱死而有知，必然在悔恨，但孫中山先生則無所悔恨呀！

何謂人生大圈？此語像甚抽象，但卻甚具體，甚眞實。凡屬人生小圈中事，當知皆虛幻不實，當下卽成空。一切宗教家，都會指點你認識當下卽空的那一套。如說安樂，你可當下否認，安樂何在呢？你這一想，當下安樂即成空。如說貧賤，你仍可當下否認，貧賤何在呢？你這一想，當下貧賤即成空。其他成功失敗，一切具如是。凡屬小圈人生，具可如是當下否定了。但在人生大圈子裏，卻有絕不能否定的。如說孝，在我心中真實覺得有此一番孝，在別人心裏，也會真實覺得我有此一番孝，那孝便成了品，成了德，無可否認。人生中只有無可否認的，我們纔該盡力完成它。也只有無可否認的，纔是最易完成的，纔是人生之確然有得的。

我們再具體說，人生過程，只是要做人，從頭到尾，人生只是盡人事，要做人。但做人不能做一抽象人，須做一具體人。若求做一具體人，則必須做成一自己，即「我」。我之為我，則在我之「品德」上。孟子說：「彼人也，我亦人也，有為者亦若是。」他能做一人，我亦能做一人。抽象說，同是一人。具體說，彼是彼，我是我，其間有不同。做人則該做到盡頭處。做人做到盡頭，還只是在品德上。此即孟子所謂的「盡性」。盡性便可稱完人，所謂「父母全而生之，子全而歸之」。全而歸之者是完人，完人也即是聖人了。聖人無他異，只是做成了一個人，即自己，即我。即在我之品德上，確然完成了一人樣子。

七

讓我再舉孟子書中三聖人作例。孟子說：「伊尹，聖之任者也。伯夷，聖之清者也。柳下惠，聖之和者也。」此三人，同樣是聖人，因其同樣做人做到了盡頭，同樣有他們各別的個性。三人個性各不同，而其各自完成了一個人樣子則同。立德從外面講，從人生大圈講，是在創造一人樣子。用今語說，是在建立一個「人格標準」。若我們處在黑暗世，混亂世，汚濁世，我們豈不盼望有一人，肯挺身出頭來擔責任，積極奮鬪，多替那世界做些事。伊尹便是那樣子的人，而他又能做到盡頭處，所以說他是「聖之任」。在黑暗世，混亂世，汚濁世，我們也盼望有人能乾淨，潔白，皎然出塵，汚泥不染，獨保其光明。伯夷便是那樣子的人，而他也做到了他的盡頭處，所以說他是「聖之清」。在同樣世界裏，我們同樣又盼望有一人，能和平應物，與世無爭，對人無隔閡，無分別相，到處不得罪人，而同時又成全了他自己，絲毫無損害。柳下惠便是那樣子的人，而柳下惠也做到了柳下惠之盡頭處，所以說他是「聖之和」。今不論是「任」是「清」抑是「和」，在這黑暗混亂汚濁的世俗裏，一人如此，便救得這一人。人人如此，便救得這世界。他們三人，已做成了異乎人人所能，而又同乎人人所求的三種做人的榜樣，卽三個偉大的人格來。而且要在此黑暗世混亂世汚濁世救己而救人，也逃不出此三榜樣。所以說此三聖人者，皆可以為「百世師」。他們是在己立立人，己達達人，行大道於天下。今天的我們，一切罪惡苦痛，正為缺少了一批能任能清能和的人。我們正該師法伊尹、伯夷與柳下惠，來完成我們自己，來救回這世界。此三人則成了三種品，三個格。此下如孟子近似伊尹，莊周近似伯夷，老子近似柳下惠。一切大人物，大概不離此三格。若求更高出的，便只有孔子。孔子乃「聖之時」者，他能時而任，時而清，時而和，他可以變化不測，樣樣都像樣，所以孔子人格不僅是大而化，又是化而不可知，這眞是近乎若神了。

說到這裏，我們便可明白春秋時叔孫豹所謂人生之「三不朽」。「不朽」卽如今宗教家所講的永生。惟宗教上之永生指死後之靈魂言，中國人所謂不朽，乃指人生前之德性與功業及其思想與教訓言。但此三不朽，主要還在「德性」上。德性是以「身」教，以「生命」教。他做出一人樣子，好讓後人取法，為百世師表。試問世上功業那有比此更大的？又那有其他言論教訓，比此更親切，更眞實的？而在他本身，只完成了他自己，此所謂成己而成物。如有人，獲得財富一百萬，不僅他自己成了一富翁，而此一百萬財富，可以儘人取用，歷百千萬年，盡人取用他此一百萬，盡人成了富翁，而他依然保留得此一百萬，分文也不少，那不是神是什麼呢？若有這樣人，又那能說人生到頭一場空，無所得，一死便完了呢？

說到這裏，人生一切皆空，惟有「立德」是不空。立功、立言如畫龍點睛，還須歸宿到立德。德是人生唯一可能的有所得，既是得之己，還能得於人。中國人俗話說，祖宗積德，可以傳子孫。我們當知，人類文化演進，究竟也不過是多添一些人樣子，多創造出一些理想人，多教人可以走上確有所得的人生之大道。那些事便全是前人積德。德積厚了，人人有德，那時的人世界，便成了神世界。

以上這樣的想法，眞是中國人所獨有的人生觀，也可說是中國人所獨創的一種宗教，我們則該稱之為「人文教」。亦可說是一種「德性教」。我們若把中國人此一觀點來衡量世界其他各宗教，耶穌亦是一有德者，釋迦亦是一有德者，中國人稱高僧為大德。若只就其有德言，則一切宗教，全可不再有此疆彼界之劃分。因此在中國思想之德的觀念下，堯、舜、禹、湯、文、武、周、孔，固然是傳統相承，諸聖同德。即東海、西海、南海、北海有聖人，又何嘗不是諸聖同德呢？此諸聖，在人文大圈內，則一齊融化了。各有品，各有德，集此各品各德，放大光輝，此之謂「人文」，此之謂「文化」。人生所得，便是得了此文化。得了此人文之大化。而其基礎，則在各人所得之一品一德上。

八

以上述說了中國人關於「德」的觀念之大義竟。但我以上所述，多引用了孟子話，因關於此一面，孟子的話，幾乎可以代表中國儒家全部的意見。其實道家也極重德，莊老書中德字，較之論語、孟子更多了。而且莊子書中也提出許多關於理想人的話，惟莊子不喜稱聖人，故改稱至人與眞人。而在至人眞人之上，也同樣有神人，那卽是人而神，與孟子同一想像。此一種人而神的觀念，在道家傳統之演進裏，變成了後世神仙思想之淵源。

其次再說到佛家，南朝生公已竭力主張人皆有佛性，惟其人皆有佛性，故人人皆可成佛，豈不與孟子「人皆可以為堯舜」之說，異途同歸嗎？但生公所謂之頓悟，還是指其悟於理而言。到唐代禪宗興起，始單提直指，專言「明心見性」。禪宗之所謂性，乃指一種覺。其實凡所謂得於性，則必然成其為一種覺。此覺，乃一種內在之「自覺」。若說人生一切空，惟此一種內在之自覺則決不空。由禪宗說來，一旦大徹大悟，覺性當下呈露，卽現前具足，立地可成佛。如是則涅槃卽在眼前，煩惱世界轉瞬成為極樂淨土，更何待於出世，更何待於再生？當知此卽仍是中國傳統思想裏之所謂「德」。得於性而內在具足，再無所待於外，在儒家則成為「聖」，在道家則成為「眞」，在佛家則成為「佛」。三宗教法各異，但就其德的一觀念而言，則仍是相通合一，不見其有異。於是修行佛法，可以不必再出世，卽在塵俗中，一樣可證果。於是把原始佛教的出世情緒沖淡了，仍轉回到中國傳統思想所側重的那一番內在自覺之德上。

惟其中國傳統思想裏「德」的一觀念，有如是深潛的力量，因此直到宋儒格物窮理一派，如朱熹說：「眾物之表裏精粗無不到。」那豈不已完成了窮格物理的終極境界了嗎？而他還得補一句再說：「吾心之全體大用無不明。」當知此一句，便是指的內在自覺之德了。若有德，則在他自己心下該無不明。若沒有了這一德，則外面一切物理，儘使窮格無遺，還是與自己人生無交涉，人生畢竟仍是一場大脫空。試問窮格了物理，人生所得者又何在呢？若說是有所得，則仍必回到肉體人生一切衣食住行種種物質享受上。但那些，如我上面所述，早已為各派宗教所看不起，認為到頭一場空。我們若明白得此意，便知宋儒格物窮理之學，畢竟與近代西方科學精神仍不同。而如我上面所說，在中國思想裏，科學與宗教可以會通合一之點，也可由此參入了。

九

中國人重「德」，因此更重「行」。孔子曰：「知之者不如好之者，好之者不如樂之者。」若說思想，畢竟僅屬知一邊，「好之」便開始轉到行的方面來，「樂之」則純出行的一面，即是所謂德了。人生畢竟重在行，重在德。僅是知，包括不了全人生。而且憑空人那得會有知？必是行了纔有知，而且知了仍須行。知只如夏螢在飛行時那尾巴後梢發的光。所以中國人一向看重行，更勝於看重知。中國古代尚書裏早說：「知之匪艱，行之維艱。」這是教人須重行。明代王陽明也說：「即知即行，不行仍是未知。」仍是教人去重行。他又說：「知是行之始，行是知之成。」但此所謂知，所指是良知。良知則不求知而早自知。良知即是天所賦與人之性，如是則仍是重在行。最近孫中山先生又說：「知難行易。」他的意思，還是鼓勵人去行。如是則在中國社會，便不易產出如西方般的思想家。

德國哲學家康德，曾把人類思想分成三階段，起先是神學的，宗教的。其次是玄想的，哲學的。最後始是實證的，科學的。如照康德分法，中國思想很早便走上第三階段，即康德所謂的實證。於何實證？則只有實證之於行。科學的長處，長在可以隨時切斷，隨處切斷，逐步求實證。如演算草，二十二加三十一，儘可分開算。二加一等於三，先把此一節切斷，看它對不對。如對了，再算二加三，等於五。又對了，那總數是五十三，再也不會錯。當知一切科學，全可如此把來切斷，逐步去求證，一步對了再一步。

研求自然眞理當如此，研求人生眞理，也得該如此。孔子說：「學而時習之，不亦悅乎！」此可以切斷下文，單從這一句求實證。你試且學而時習之，看己心悅不悅，儘不必連看下一句。縱使下一句有錯，這一句先可實證確定它不錯。然後再及下一句，「有朋自遠方來，不亦樂乎！」你也儘可不連上，不接下，切斷看，單去實證它對不對。如有朋自遠方來，且看你心樂不樂。待你學養工夫深了，孔子說：「人不知而不慍，不亦君子乎！」這一句，一樣可切斷看。遇人不我知，試看我心慍不慍。若我心覺有慍，試問為何生有此一慍，成不成君子？因此孔子這些話，在中國人說來是德言，即所謂有德者之言，此乃由人生實踐確有所得了纔如此說，不是憑空由思想來。你要明白孔子這三句話，也只有如孔子般，同樣去人生實際求實證。

或有人懷疑，中國一向無哲學，甚至說中國沒有系統嚴密的思想。在中國，一些傳誦古今的話，只像是格言，零零碎碎，各不相顧，好像只是些經驗談，又像是平淺，又像是武斷，又像是神秘。其實這是中國人把行為實證與語言思想，融合成一片，相顧並進而有此。中國人思想，則務求與體驗合一，不讓思想一條線單獨地直向前，這是中國思想之妥當穩健處。中國人務求把思想與行為交融互化，一以貫之，此乃中國思想一大特點。若以言證言，又以言引言，說了一大套，到頭只是一番閒說話，距離人生實際反遠了。驟然看，不是沒有奇偉深密處，但回頭配合到實際人生來，便總有所不合。

西方思想，正為好從一條線引申推演到盡頭處。如說宇宙何由始，萬物何由生，人生終極到底為的是什麼？不論宗教家和哲學家，都好在此等處用心思，儘推演，儘引申，未嘗不言之成理，持之有故，自成了一套理論，但與實際人生則愈離而愈遠。而且那一套，又是有頭有尾，竟體完密。若說它錯了，竟可是通體錯。於是只可說：「吾愛吾師，吾尤愛眞理。」不得不從頭另再來一套。於是眞理是眞理，人生是人生。這一派是這一派，那一家是那一家。我們讀西洋哲學史，眞可說是上天下地，無奇不搜。極斑斕，但也極駁雜。極齊整，但也極破碎。若僅是一哲學家，著書立說，託之空言，還不打緊。若認眞要把此某一家所發現主張的眞理來確實表現到人生，來強人以必從，又或憑藉政治力量來推行實現此眞理，這總不免會出大毛病。即如柏拉圖的理想國，幸而在當時，沒有人切實去推行。近代如馬克思，他的唯物史觀，豈不也首尾完具，自成一套嗎？不幸是眞有人來憑藉力量，想推行實現此一套，於是便闖出了大亂子。其病則在從純思辨純理智的路上來求眞理，眞理只在思索上，只在言辨上。不知一切思索言辨，本從人生實際來，而人生實際，則並不從思索與言辨來。純思維純理智的路，越走越遠，只能說人生中可有此一境，但此一境則走偏了，決不是人生之大全，而且也不是人生主要的中心。

人生實際，則徹頭徹尾是一個「行」。在馬克思當時，對他資本主義之弊害，亦非無所見。若能見到這裏，從這裏下手，且把當時所見資本主義之弊害，就人性人道人生實踐中，隨宜逐步求改變，初看好像是頭痛醫頭，腳痛醫腳，太不徹底了，但如此決不見大毛病。現在則所見只在一點上，由此一點演繹引伸，自成一大全體，此一全體，則是純思維，純理智的，只成為一個哲學思想的體系。這一套眞理，則是一套哲學的眞理。由此再回頭來，把他那套眞理推進實際人生，則早不是那麼一回事。現在人都知馬克思的預言是錯了。但畢竟還有人在愛惜他那首尾完整，在語言邏輯，在理智思索上所編造出來的那一套眞理。

讓我再說一淺譬吧！譬如醫生診病，就病論病來治病是應該的，卻不該因見了病，而推演引申開去，從思辨上，在意想中，創造出一個不會有病的理想體格來，然後再回頭，照此理想體格來改造人身之結構。如此的醫理，則非殺盡天下人不可。所恨者，殺盡了天下人，而此一種理想體格，除卻在其思想理論中出現以外，仍不能在人生實際中出現。

一〇

我此上之所說，並不是在批評馬克思，我是在批評那些把知行分別開，讓思想單獨演進，於純思維純理智中見眞理，而再回頭來強人以必從的那一套。若從中國人觀點，「言顧行，行顧言」，不把言語單獨地演進，因此名言邏輯之學，在中國思想史裏特別不長進，而中國也遂沒有了哲學家。中國人未嘗不思想，但想了一頭緒，便轉向當前人生實際求可能之體驗與實證。因此不會有大出錯。所以說：「默而成之，不言而信，存乎德行。」

孔子又曾說：「思而不學則殆，學而不思則罔。」又說：「我嘗終日以思，無益，不如學也。」學，效也，覺也。須知與行合一並進始是學。而且學已偏重在行的一邊了。因此在中國，則特別重視一學者。中國人又常稱此人有學問，不稱此人有思想。學之極致則為聖。中國人所看重的聖人，則無寧是看重此聖人之德行，尤勝於看重此聖人之思辨。此因中國人認為人生眞理當由行為見，行為中即包有思辨與理智。若單從純思辨，純理智的路去求眞理，則決不能把握到人生眞理之主要處。若要把握到人生眞理之主要處，則惟有以人生實踐為中心，而一切思想理論，則常環繞此中心，不許其馳離得太遠去。至於如何是人生主要眞理，其最要一項目，即如上述，乃在人生須確然有所得。因此中國人常好以「德行」兩字連言。若求人生之眞實確然有所得，則自必重於行。因此在中國人「德行」一觀念之下，不僅個人與社會獲得了調和，而且天人之際卽人生與大自然也獲得了調和。

我們又可說，中國人的重德觀念，頗近於西方人之宗教精神。而中國人的重行觀念，則頗近於西方人之科學精神。惟在西方，宗教與科學，各走一端，而各走不到盡頭處。若求走到盡頭，反會出大毛病。只有中國，乃求以人文科學之實踐精神，卽體驗方法，來求到達與完成中國人人文宗教之理想與追求。中國人以人文為中心，卽以人性為中心，故可儘教人走到盡頭處。愈能走盡則愈好。因此中國人希望有全德，有大德。如是則在中國人「德行合一」的觀念下，西方宗教與科學兩途，也可獲得了調和。

（原載一九五五年二月民主評論第六卷第四期。）

第四講　氣運

上面三講，第一第二講道理與性命，乃從抽象的理論方面原則方面來述說中國思想裏的宇宙觀與人生觀。第三講德行，則承續第二講，從人生原理具體落實下來講到人生之實踐。今天輪到第四講，我的題目是「氣運」二字。此講承續第一講，從宇宙原理具體落實到人生實踐時所發生的許多觀點和理論。換言之，前兩講是抽象的來講宇宙是什麼？人生是什麼？後兩講是具體的來講人生是什麼？宇宙是什麼？會合此四講，我希望能描述出中國思想一個大概的輪廓。

一

中國人常講「氣運」，若把此兩字分開，便是氣數與命運。尤其在時代黑暗，社會動亂，乃及個人遭遇不幸、困難、挫折、失敗時，總喜歡說到氣數與命運。這「氣數」與「命運」兩觀念，卻不能簡單地說是中國世俗的迷信。其實此兩觀念，在中國傳統思想史裏，有其根深柢固的立足點。這是中國傳統思想普遍流傳到全社會，深入人心，而有其堅厚的外圍，與其深微的內涵的，我們該仔細加以分析與闡發。

中國人從古到今都講到那「氣」字，氣究竟是指的什麼呢？我想中國思想裏的氣字，至少該涵有兩要義。一是「極微的」，二是「能動的」。若把宇宙間一切物質，分析到最後，應該是極微相似。惟其極微，卽分析到最後不可再分析時，便必然成為相似了。若不相似，應該仍不是極微，仍屬可分。那一種極微相似，不可再分析的最先物質，乃宇宙萬物之共同原始，中國人則稱此為「氣」，因此亦常以「氣質」連言。

試問這一種極微相似的氣，如何會演變出宇宙萬物的呢？這就要講到氣之第二特性，卽氣是能動的，不停止的，不能安靜而經常在活動的。惟其如此，所以能從極微相似變化出萬有不同來。此氣之變化活動，簡單說來，只有兩形態。一是聚與合，又一是散與分。宇宙間只是那些極微相似的氣在活動，在聚散，在分合。聚而合，便有形象可覩，有體質可指。分而散，便形象也化了，體質也滅了。聚而合，便開啟出宇宙間萬象萬物。分而散，便好像此宇宙之大門關閉了，一團漆黑，一片混沌。中國人稱此聚而合者為氣之陽，俗語則稱為「陽氣」。分而散者為氣之陰，俗語稱之為「陰氣」。其實氣並沒有陰陽，只在氣之流動處分陰陽。氣老在那裏一陰一陽，一闔一闢，此亦卽中國人之所謂道。所以道是常動的，道可以包有正反兩面，道可以有光明，也可以有黑暗。理則附於氣而見。如二加二等於四，二減二等於零，同樣有一理附隨著。

氣既是極微相似，必積而成變。所謂變，只是變出許多的不相似。那些不相似，則由所積之數量來。所以我們說「氣數」，此數字卽指數量。氣之聚，積到某種數量便可發生「變」。其積而起變的一段過程則稱「化」。如就氣候言，一年四季，從春到夏，而秋，而冬，這是變。但變以漸，不以驟。並不是在某一天忽然由春變夏了，乃是開春以來，一天一天地在變，但其變甚微，看不出有變。我們該等待著，春天不會立刻忽然地變成了夏天，只是一天天微微地在變。此種變，我們則稱之為化。等待此種微微之化積到某階段，便忽然間變了。到那時，則早不是春天，而已是夏天了。

再以火候來說，如火煮米，不會卽刻便熟的。但究在那一時米忽然煮熟了的呢？這不能專指定某一時而言。還是積微成著，熱量從很小的數字積起，我們仍得等候。鍋中米雖不立刻熟，但實一秒一秒鐘在變，惟此等變，極微不易覺，像是沒有變，故只稱為化。但燒到一定的火候時，生米便變成了熟飯。

我們的生命過程也如此，由嬰孩到幼童，從幼童到青年，從青年而壯年而老年而死去。也不是一天突然而變的，還是積漸成變，此積漸之過程，則亦只稱為化。

因此宇宙一切現象，乃在一大化中形生出萬變。若勉強用西方哲學的術語來講，也可說這是由量變到質變。因中國人說氣，乃是分析宇宙間一切萬物到達最原始的一種極微相似。就氣的觀念上，更不見有什麼分別。盈宇宙間只是混同一氣，何以會變成萬物的呢？其實則只是此相似之氣所積的數量之不同。如是則一切質變，其實盡只是量變。宇宙間所形成的萬形萬象，一句話說盡，那都是「氣數」。

因此，氣數是一種「變動」，但同時又是一種「必然」。此種變動，從極微處開始，誰也覺察不到，但等他變到某一階段，就可覺得突然大變了。孟子說：「我善養吾浩然之氣。」那浩然之氣如何養的呢？孟子說：「是集義所生者。」何謂集義？只要遇到事，便該問一個義不義，義便做，不義便不做。故說：「勿以善小而弗為，勿以惡小而為之。」起先，行一義與行一不義，似乎無大區別，但到後便不同。孟子又說：「以直養而無害。」平常所謂理直氣壯，也只在某一時，遇某一事，自問理直，便覺氣壯些。但若養得好，積得久，無一時不直，無一事不直，那就無一時無一事不氣壯。如是積到某階段，自覺仰不愧於天，俯不怍於人，這如火候到了，生米全煮成熟飯，氣候轉了，春天忽變為夏天。內心修養的功候到了，到那時，眞像有一股浩然之氣，至大至剛，塞乎天地，莫之能禦了。那一股浩然之氣，也不是一旦忽然而生的。孟子說：「所過者化，所存者神。」浩然之氣近乎是神了，但也只是過去集義所生。因在過去時，以直養而無害，積義與直，積得久而深，一件事一件事的過去，好像都化了，不再存在了，卻突然覺如有一股浩然之氣存積在胸中，那豈不神奇嗎？

這不僅個人的私德修養有如此，卽就社會羣眾行為言，亦如此。所謂社會羣眾行為，此指「風氣」言。風氣是羣眾性的，同時又是時代性的。在某一時代，大家都如此般行為，那就成為一時代之風氣。但風氣常在變，只一時覺察不到，好像大家都如此，而其實則在極微處不斷地正在變。待其變到某一階段，我們才突然地覺到風氣已轉移了。若我們處在一個不合理想的時代，不合理想的社會中，我們必說風氣不好，想要轉移風氣。但我們該知風氣本來在轉移，只我們該懂得究竟風氣如何般在轉移，那我們也可懂得我們該如何般來轉移風氣了。

二

讓我們先講風氣如何般形成。再說到如何般轉移。讓我舉一個最淺之例來加以說明。女子服裝，有時那樣時髦，大家那樣打扮，便成為風氣。有時那樣不時髦了，大家不再那樣打扮，便說風氣變了。有時那一套打扮正盛行著，好像非如此打扮便出不得門，見不得人似的。但轉瞬間不行了，正為那一套打扮，才使她出不得門，見不得人了。袖子忽而大，忽而小。裙子忽而長，忽而短。領子忽而高，忽而低。大家爭這一些子，而這一些子忽然地變了，而且是正相反的變。風行的時候，大家得照這樣子行。不風行的時候，誰也不敢再這樣行。這叫做風氣。但誰在主持這風氣呢？又是誰在轉移這風氣呢？風氣之成，似乎不可違抗，而且近乎有一種可怕的威力。但一旦風氣變了，這項威力又何在呢？可怕的，忽而變成為可恥的，誰也不敢再那樣。以前那一種誰也不敢違抗而近乎可怕的威力，又是誰賦與了它，誰褫奪了它的呢？

開風氣，主持風氣，追隨風氣，正在大羣眾競相趨附於此風氣之時，又是誰的大力在轉移那風氣呢？其實風氣之成，也是積微成著，最先決不是大家預先約定，說我們該改穿窄袖，改穿短裙了。因此開風氣，必然起於少數人。少數人開始了，也決不會立刻地普遍流行，普遍獲得大羣眾模倣它。最先模倣此少數的，依然也只是少數。然而積少成多，數量上遂漸增添，到達某一階段，於是競相追步，少數忽然變成了多數，這也是一種「氣數」呀！

本來在大家如此般打扮的風氣之下，誰也不敢來違抗的。最先起來另弄新花樣的人，必然是少數，少之又少，最先則只由一二人開始。此一二人，其本身條件必然是很美，很漂亮，但時行的打扮，或許在她覺得不稱身。她求配合她的本身美，才想把時行的打扮略為改換過。但她這一改換，卻給人以新鮮的刺激，引起了別人新鮮的注意。立刻起來模倣她的，也一定和她具有同樣的本身美，同樣感到流行的時裝，和她有些配不合，她才有興趣來模倣此新裝。在她們，本身都本是美女，換上新裝，異樣地刺激人注意，於是那新裝才開始漸漸地流行了。

若我們如此般想，原來那種時髦打扮，本也由少數一二人開始。而此少數一二人，本質必然是一個美人，惟其本身美，又兼衣著美，二美並，美益增美，才使人生心羨慕來模倣。但起先是以美增美，後來則成為以美掩醜了。因醜女也模倣此打扮，別人見此新裝，便覺得美，豈不借此也可掩過她本身的幾分醜了嗎？但更久了，大家競相模倣，成為風氣了。大家如此，見慣了，便也不覺得什麼美。而且具有本質美的畢竟少，醜的畢竟多。那一種時裝，美的人穿著，醜的人也穿著。醜人穿的越多，別人因於見了穿著此服裝者之醜，而漸漸連帶討厭此服裝。到那時，則不是以美掩醜，而變成以醜損美了。到那時，則社會人心漸漸厭倦，時裝新樣，變成了俗套。那些具有本質美的女子反受了損害。她們中，有些不甘隨俗趨時，同流合污，於是想別出心裁，照她自己身段和膚色等種種條件來自行設計，重新創出一套新裝來，於是又回復到從前以美增美之第一階段，而她的新裝遂因此時行了。

但上述轉變，也還得附有其他的條件。新裝必然開始在大城市，美女試新裝，必然是遇到大的筵宴舞會或其他交際場合之隆重典禮中，而才得以她的新裝刺激別人，影響大眾，很快形成了新風氣。若在窮鄉僻壤，儘有美女，決不會有新裝。若閨房靜女，縱在城市，卽有新裝，也不會很快地風行。故古代有宮裝，有貴族貴夫人裝，有妓裝。近代有電影明星、交際花、時代名女人等，她們在大都市，大場合，易於激動人注意。這些大場合，我們則稱之曰「勢」。縱使是美女，本質儘是美，又是新裝，修飾打扮也够美，各種條件都配齊，但若沒有勢，仍不行。因此風氣形成，除卻創始者之內在本質外，還需其外在的形勢。而此所謂勢者，其實則仍是數。因此「氣勢」也卽是「氣數」，必須數量上增到某分際始生勢。孤芳自賞，則決不會成風氣。

如上分析，可見風氣雖時時而變，但不論開風氣與轉風氣，在其背後，必有一些經常不變的眞理作依據。卽如女子服裝，所以能成風氣，第一，依據於人羣之愛美心與其對美醜之鑒別力。第二，依據於女性自身之內在美，本質美，然後再配合上服裝修飾一些外在美，如是始可以來滿足人羣之愛美要求，而始得成為一時之風尚。但江山代有異人出，燕瘦環肥，各擅勝場。如當肥的得勢，人羣的鑒賞興趣，集中在肥的那一邊，那些修飾外在之美，也配合在肥的一邊而發展。瘦的美便掩蓋了。一旦瘦的得勢，人羣的鑒賞興趣，又轉移到瘦的一邊來，而那些修飾外在之美，也就配合於瘦的條件而發展。所以服裝風氣之時時有變，決不當專以人心之喜新厭舊這一端，來作平淺的解釋。當知新的不就是美的，若專在標新立異上用心，也未必便能成風氣。

老子說：「天下皆知美之為美，斯惡已矣。」其實天下人又何嘗眞知美之所以為美呢？西施捧心而顰，東施也捧心而顰，顰的風氣卽由是而形成。但盡人皆顰，則愈見顰之醜，於是顰的風氣也不得不轉移。果子熟了要爛，花開足了要謝，人老了要衰，風氣成為俗尚了，則不得不變。惟風氣必從少數人開始，此少數人開創風氣，必從此少數人之各別的個性出發。天下多美婦人，但個性不同，美的條件不同。佔優勢的登高而呼，一呼百應，就成風氣。但她也必得能呼。儘在高處，不能呼，還是沒影響。能呼是她的本質美，占高處便有勢。總之，風氣之開創與轉移，必起始於少數，並且決定於少數之個性。因此，必尊重個性，培養個性，才是開風氣與轉風氣之先決條件。

中國人常稱「時代」，又稱「時勢」。當知此一時，彼一時，彼一時必然會來代替這一時，而那更替接代之轉移契機，則有一個勢。中國人又常說：「時勢造英雄，英雄造時勢。」其實此兩語並沒有大分別。凡屬英雄，必能造時勢，而英雄也必為時勢所造成。但若轉就時勢論，也如此。儘有了時勢，沒有英雄，仍不成。當流行的時裝變成了俗套，就得要變，但還得期待一眞美人出世，而那新美人，又得要有勢。一般說來，電影明星易於影響大家閨秀，大家閨秀便不易影響電影明星。而那些空谷佳人，則更難影響人。所以風氣轉變，又須得風雲際會。雲從龍，風從虎，風雲則湊會到龍與虎的身邊，但潛龍仍不能有大作用，必得飛龍在天，那時，滿天雲氣便湊會到他身邊。

再就藝術風尚言，如幾十年來平劇旦角中有梅派，有程派。正因梅蘭芳、程艷秋兩人個性不同，嗓子不同，於是腔調韻味各不同，因此在旦角中形成了兩派。但梅也好，程也好，也都在他們所占形勢好。當知有好嗓子，能自成一派的，同時決不限於梅與程，但梅、程能在北平與上海，便得了勢，他們擁有環境薰染，擁有大眾欣賞，這些都是數。大家捧，不還是數嗎？然則在平劇旦角中忽然有梅、程出現，那也是氣數。循至唱旦角的，不學梅，便學程，新腔漸漸變成了俗調，等待一時期，再有一位個性與梅、程不同的新角色出來，那時便有新腔調，便有新花樣，而劇臺上便轉出了新風氣。

三

以上都是些人人能曉的話，讓我們進一步探討，講到學術與思想，那也是有時代風氣的。學術思想，決然由一二大師開創。開創學術思想的人，他感到對他時代，不得不講話。他所講，在當時，常是從未有人如此般講過的。孔子以前，並未先有一孔子。孔子的話，記載在論語上，論語中所講，在以前，並非先有一部論語講過了。但在孔子，並非存心標新立異要如此講。只是在他當身，他內心感到有些話，不得不講。縱在以前絕未有人如此般講過，但他內心感到非如此講不可。他講了，於是有顏淵、子路、子貢一輩後起的優秀青年，跟著他來講，這樣便受人注意，講出一風氣來。但成了風氣，大家如此講，那就成為俗套了。

風氣之成必挾著一個勢，但由風氣變成俗套，則所存也只是勢利了。於是便有墨子出頭來反對。墨子所講，也有墨子一邊的眞理，墨子所以能另開一風氣，另成一學派，決不是偶然的。他本身個性既與孔子不同，他的時代又不同，他也抓著一些眞理，他所抓著的那些眞理，與孔子有不同。於是另一批青年，如禽滑釐之徒，又大家跟隨墨子，講墨子那一套。墨學得勢了。成名了。接著又來楊朱與孟子，接著又來莊周、荀卿與老子，全走的如我上述的同一條路線。直從孔子到韓非，三百年間，你反對我，他又反對你，一個接著一個，還不像女子服裝般，窄袖變寬袖，長裙變短裙，一套一套在不斷地變化嗎？那也是風氣。

學術思想，決沒有歷久不變的，只是慢慢地變，變得比女子服裝更要慢得多。到了漢代，發生了一大變，人們都說，兩漢學術思想，和先秦時代不同了。魏、晉、南北朝、隋、唐時代，又不同了。宋、元、明時代，又不同了。清代兩百六十年，又不同了。我們此刻，和清代學風又不同了。那些變化，其實仍還是氣數，仍還是在一大化中引生出萬變，仍還如女子服裝般，依著同樣的律則在轉動。

當知一切新風氣之創闢，其開始必然在少數。而在此少數人身上，又必然有其恆久價值的本質美，內在美。此種具有永恒價值之本質美，內在美，又必早已埋伏在絕大多數人心裏。因此仍必在多數人心上顯現出。即如美女之美，也即是多數人所欣賞之美。一切美之型式之出現，不能不說是先在多數欣賞者之心裹早埋下了根。品德之美亦然。故孟子說：「聖人先得吾心之所同然。」一代大師，在學術思想上有創闢，彼必具有一番濟世、救世、淑世、教世心，而又高瞻遠矚，深思密慮，能補偏救弊，推陳出新，發掘出人人心中所蘊藏所要求之一個新局面與新花樣。他一面是挽風氣，救風氣，一面是開風氣，闢風氣。其發掘愈深，則影響衣被愈廣。但此種美，並不如女性之形體美，風度美，可以一映即顯，隨照即明。

因此一代大師在學術思想上之創闢與成就，往往舉世莫知，而且招來同時人之誹笑與排斥，只有少數聰明遠見人，才能追隨景從。如是積漸逐步展開，往往隔歷相當歲月，經過相當時期，此項本質內在之美，始可獲得多數人之同喻共曉。但到那時，早已事過境遷，此一時，彼一時，又待另一派新學術思想針對現實，繼起創闢。而且最先此一創風氣者，彼言人之所不言，為人之所不為，在舊風氣中，彼乃一孤立者，彼乃一獨見者，彼乃一叛逆者，彼乃一強固樹異者。彼之一段精神，一番見識，必然因於其處境孤危，而歷練奮鬪出格外的光彩來。但追隨景從他的，處境不如他孤危，覓路不如他艱險，他早已闢了一條路，別人追隨他，縱能繼續發現，繼續前進，所需的精力識解，畢竟可以稍稍減輕，因而光彩也不如他發越。如是遞下遞減，數量愈增，氣魄愈弱，每一風氣，必如是般逐步趨向下坡。待到多數景從，而風氣已弊，又有待於另一開創者來挽救。

所以少數者的事業，本是為著多數而始有其價值與意義。但一到多數參加，此一事業之價值與意義，也隨而變質了，仍待後起的少數者來另起爐竈。關於學術思想，正為多數參加，其事不易，故此項風氣，可以維持稍久。而如女子服裝之類，多數參加得快，風氣改變得也快。

四

再就宗教言，姑以中國俗語所說的祖師開山為例。當知祖師開山，不是件容易事。俗話說：「天下名山僧佔盡。」可是佔一名山，其間儘有艱難，儘有步驟。其先是無人迹，無道路，所謂「叢林」，則眞是一叢林。從叢林中來開山，也決不是大批人手集合著，一起來可以彈指卽現的。其先只是孤零零一人，一峭巖古壁，一茅團。此人則抱大志願，下大決心，不計年月，單獨地在此住下來。附近人則全是些樵夫牧童，窮塢荒砦，他們逐漸知道有這人了，又為他這一番大志願大決心所驚動，所感召，漸漸集合，湊一些錢來供養他，乃始有小廟宇在此深山中無人迹處湧現。當知此乃祖師開山之第一步。此後又逐漸風聲播擴，信徒來集者日多。或有高足大德追隨他，繼承他，積甚深歲月，纔始有美輪美奐，金碧輝煌之一境，把這無人煙的荒山絕境徹底改換了。這是所謂的「開山」。

但我們該注意，那開山祖師，並不是沒有現成的寺廟可供他住下，來過他安定而舒服的生活。他為何定要到此荒山無人迹處來開山？當知在深山窮谷開闢大寺廟，不是件簡單事。他當初依靠些什麼，能把那廟宇建築起？至少在他當時，是具有一段宏願，經歷一番苦行，而那些事，漸漸給後來人忘了。後來人則只見了那座金碧輝煌的大寺廟，千百僧眾集合在那裏，香火旺盛，滿山生色。但此大寺廟，到那時，卻已漸漸走上了衰運。若使另有一位抱大宏願，能大苦行的大和尚，終於會對此金碧輝煌的大建築，香煙繚繞的大梵宇，不感興趣，而又轉向另一深山無人迹處去再開闢。這些話，並不是憑空的想像話，乃是每一住在深山大谷做開山祖師的大和尚，所共同經歷的一段眞實史迹之概括敍述。

讓我更拈舉一更小的例來講。大雄寶殿的建築，是非常偉大的，在此建築前面栽種幾棵松柏來配合，這也不是件尋常事。依常情測，必然是建殿在前，栽樹在後。松柏生長又不易，須得經過百年以上，纔蒼翠像一個樣子，纔配得上此雄偉之大殿。一開始，稚松幼柏，是配不上此大殿巍峩的。但在創殿者的氣魄心胸，則一開始便已估計到百年後。當知他相擇地形，來此開山，在他胸中，早有了幾百年估量。但到殿前松柏蒼翠，與此一片金碧相稱時，那創殿人早已圓寂，藏骨僧塔了。

我有一次在西安偶遊一古寺，大雄寶殿已快傾圮了，金碧剝落，全不成樣子。殿前兩棵古柏，一棵仍茂翠，大概總在百年上下吧！另一棵已枯死。寺裏當家是一俗和尚，在那死柏坎穴種一棵夾竹桃。我想此和尚心中，全不作三年五年以外的打算，那大殿是不計畫再興修了，至少他無此信心，無此毅力。夾竹桃今年種，明年可見花開，眼前得享受。他胸中氣量如此短，他估計數字如此小，那寺廟由他當家，眞是氣數已盡了。

如此想來，名刹古寺，即就其山水形勢氣象看，那開山的祖師，早已一口氣吞下幾百年變化。幾百年人事滄桑，逃不出他一眼的估量。我們上殿燒香，並不必要禮拜那些泥菩薩，卻該禮拜此開山造廟人。當知此開山造廟人之值得禮拜，在其當時那一番雄心毅力，慧眼真修，豈不確然是一個活菩薩？至於在大雄寶殿上那幾尊泥塑木雕的飛金菩薩，那只是此開山造廟人之化身而已。若無開山造廟人，試問那些菩薩那裏去泥上金碧，顯出威靈來。

五

讓我們再從宗教上的開山祖師，轉換論題來講政治上的開國氣象吧。開國更不比開山，即就近代史舉例，如孫中山先生，他為何不去考秀才，中舉人，考進士，中狀元？有著現成大廟不住，他偏去五岳進香，歷盡千辛萬苦，做一行腳僧。他立志要造一所大廟，到今天，大雄寶殿還沒有完工，殿前松柏還沒有長成，一切配合不起，所以他臨死說：「革命尚未成功，同志還須努力。」這是何等艱鉅的一項工作呀！但若國家有了規模，社會漸漸郅治昇平，那時的政府像樣了，功名在此，富貴亦在此，於是大家都想享福，湊熱鬧，那政府也就漸漸腐化，快垮臺了，於是另有人再來做行腳僧。飛金塗碧的菩薩不再有威靈，另一批泥塑木雕的新佛，又在另一大雄寶殿裏顯威靈。世界各國的歷史，民族興衰，社會治亂，都逃不出此一套。世運永遠是如此。積微小的變動，醞釀出極大的興革來。積微成著，勢到形成，從量變到質變，從少數一二人創始，到多數大眾隨和，而定形，而變質，而開新。中國人則一句話說它是「氣數」。

我們先得能看破此世界，識透此世界，纔能來運轉此世界，改造此世界。我們得從極微處，人人不注意，不著眼處，在暗地裏用力。人家看不見，但驚天動地的大事業，大變化，全從此看不見處開始。祖師開山，不是頃刻彈指可以湧現出一座大雄寶殿來。他自己努力不够，待他徒子徒孫繼續地努力，只從極微處極小處努力。氣數未到得等待，等待復等待，氣數到了，忽然地新局面創始了。你若問，此新局面是何時創始的，那卻很難說。你須懂得「氣數」二字之內涵義，去慢慢地尋究思量了。但若氣數完了，則一切沒辦法，只有另開始。譬如花兒謝了，果兒爛了，生米煮成熟飯了，便只有如此，更沒有辦法了。

上面所講的「氣數」，既不是迷信，也不是消極話。但一些沒志氣無力量的人，也喜歡借此說法來自慰。古書裏一部周易，宋儒邵康節，用數理來作種種推算。現社會一切命理推算，還是全部運用著。亦可說中國民族對歷史有特別愛好，對歷史演進，對人事變化，也特別有他們一套深微的看法。因之氣數未到，會促之使它到。氣數將盡，會續之使不盡。驚天動地，旋轉乾坤的大事業，在中國歷史上，時時遇到，中國人則只稱之曰「氣數」。這兩字，如非深究中國歷史人物傳統的思想與行為，很難把握其眞義。

六

現在繼續講「命運」。中國人講氣，必連講數。因氣是指的一種極微而能動的，但它須等待積聚到一相當的數量，然後能發生大變化大作用。「命」是指的一種局面，較大而較固定，故講命必兼講「運」，運則能轉動，能把此較大而較固定的局面鬆動了，化解了。而中國人講氣數，又必連帶講命運。這裏面，斟酌配合，銖兩權衡，必更迭互看活看，纔看得出天地之化機來。

中國社會迷信愛講命，命指八字言，八字配合是一大格局，這一格局便註定了那人終生的大命。但命的過程裏還有運，五年一小運，十年一大運，命是其人之性格，運是其人之遭遇。性格雖前定，但遭遇則隨時而有變。因此好命可以有壞運，壞命可以有好運，這裏的變化便複雜了。

讓我們回憶上次「性命」一講，人性本由天命來，由儒家演化出陰陽家，他們便種下了中國幾千年來社會種種迷信之根苗。他們說，人的性格有多樣，天的性格亦如是。如春天，乃青帝當令，他性好生。冬天，黑帝當令，他性好殺。因此春天來了，眾生競發，冬天來了，大地肅殺。天上有青、黃、赤、白、黑五帝，更迭當令，由此配合上春、夏、秋、冬四季之變化，又配合上地上萬物金、木、水、火、土五行，來推論宇宙人生一切運行與禍福。這一派的思想，流傳在中國全社會極深入，極普遍，極活躍，極得勢，我們也該得注意。

此派所謂五行，其實只是五種性。他們把宇宙萬物，概括分類，指出五種各別的性格，而舉金、木、水、火、土五者作代表。既是五性，又稱五德，但何以又說「五行」呢？因中國古人認為，異性格相處，有相生，亦有相勝相剋。因此任何一種性格，有時得勢，有時不得勢。得勢了，可以引生出另一種性格來。同時又可剋制下另一種性格。被剋制的失勢了，但被引生的得勢，那引生它的也即失勢了。如是則萬物間此五性格永遠在相生相剋，交替迭代，變動不居，而到底仍會循著一環，回復到本原的態勢上來。如木德當令，金剋木，木德衰，金德旺。但火剋金，水剋火，土剋水，木剋土。如是則木德又當令了。又如木德當令，木生火，火生土，土生金，金生水，水生木。如是一循環，木德又得勢，又當令了。此所謂「五德終始」。宇宙一切變化，粗言之，是陰陽一闔一闢。細分之，是五行相剋相生。莊子書中所謂「時為帝」，即是此意。主宰天地的也在變，有時木德為帝，有時則火德為帝了。此乃一大原則，但輾轉引伸，便造成種種避忌與迷信的說法來。

本來陰陽五行之說，主要在講宇宙的大動向，循此落實到人生界，於是有世運，有國運。而循次遞降到維繫主宰此世運與國運的幾個大家族與大人物，於是又有家運與某一人的運。而更次遞降，則每一人呱呱墮地，便有人來替他算八字，排行運了。那些則就不可為憑了。又由五行八字轉到地理風水，如西周都豐鎬，東周遷洛邑。前漢都長安，後漢遷洛陽。建都形勢，有關國運興衰。而循此遞降，如上述祖師開山，某一山的氣象形勢，風景雲物，山水向背，交通脈絡，這在此一寺宇之幾百年盛衰氣運，也可說有莫大關係的。但再次遞降，到某一家宅，一墳墓，甚至一門戶，一桌椅之位置形勢，吉凶休咎，便又不足為憑了。

宋儒張載曾說：「為天地立心，為生民立命，為往聖繼絕學，為萬世開太平。」此是儒家說法。大眾多數人的命，依隨於大氣運而定。大氣運可以由一二人主持而轉移。此一二人所能主持轉移此大氣運者，則在其方寸之地之一心。此方寸之地之一心，何以有此力量？則因有某一種學養而致然。此一種學養，往古聖人已創闢端倪，待我們來發揚光大。萬世太平之基，須在此一二人方寸之地之心上建築起。若專講氣數命運，兩眼只向外看，回頭忘失了此心，則氣數命運一切也無從推算了。當知由天道講，性本於命。由人道講，則命本於性。因此發揚至善之性，便可創立太平之運。又當知，由天道講，則數生於氣。由人道講，則氣轉於數。因此積微成著，由集義可以養浩然之氣，由一二人之心，可以主宰世運，代天行道了。

現在讓我們姑為中華民族國家前途一推其命運。若論命，我中華國家民族，顯然是一長生好命，後福無窮的。若論運，則五十年一小變，一百年一大變，這最近一百年來，我中華國家民族，正走進了一步大惡運。此惡運則交在中西兩大文化之相衝相尅上。但論運，指遭遇言。論命，指格局言。我中華國家民族，顯然是一大格局。當知天下無運不成命，無命也不成運。當前的大危機，則在大家都太注重在目前的行運上，而忽忘了本身的八字大格局。你自己八字忘了，下面的一步運，誰也無法來推算。

七

現在我再將「氣運」二字，聯結來談一談。當知氣由積而運，氣雖極微，但積至某程度、某數量，則可以發生一種大運動。而此種運動之力量，其大無比，無可遏逆。故氣雖易動，卻必待於數之積。命雖有定，卻可待於運之轉。

氣如何積？運如何轉？其機栝在於以氣召氣，所謂：「同聲相應，同氣相求，雲從龍，風從虎，聖人作而萬物覩。」又說：「和氣致祥，乖氣致戾。」和順積中而英華發外，一人有慶，兆民賴之。氣與氣相感召，由極微處開始，而可以扭轉大世運。但正因為氣極微而能動，又易於互相感召，所以少數能轉動了多數。但一到多數勢長，淹沒了少數，此少數人便失卻其主宰與斡旋之勢，而氣運又另向反面轉。若我們認以少數轉動多數者為一種斡旋，為一種逆轉，則由多數來淹沒少數者乃一種墮退，乃一種順轉。墮退是一種隨順，為陰柔之氣，斡旋是一種健進，為陽剛之氣。但物極必反，貞下可以起元，而亢陽必然有悔。如是則一陰一陽，運轉不已。天道無終極，而人道也永不能懈怠。所以說：「天行健，君子以自強不息。」

中國人因於此一種氣運觀念之深入人心，所以懂得不居故常，與時消息，得意得勢不自滿，失意失勢不自餒。朝惕夕厲，居安思危，如臨深淵，如履薄冰，一刻也不鬆懈，一步也不怠慢。中國人因於此一種氣運觀念之深入人心，所以又懂得見微知著，所謂月暈而風，礎潤而雨，一葉落而知秋，履霜堅冰至，君子見幾而作，不俟終日。把握得機會，勇於創始，敢作敢為，撥亂返治，常自乎一二人之心之所向，而潛移默化，不大聲以色。中國人因於此一種氣運觀念之深入人心，所以又懂得反而求諸己。或出或處，或默或語，只要把握得樞機，便可以動天地。所謂樞機，則只在他自己之一言一行。若此一言一行，只要感召到另一人，二人同心，其利斷金，便可以無往而不利。所以每當歷史上遇到大擾動，大混亂，便有那些隱居獨善之士，退在一角落，穩握樞機，來斡旋那氣運。中國人因於此一種氣運觀念之深入人心，所以又懂得遇窮思變。所謂「窮則變，變則通，通則久。變通者，趣時者也。」又說：「通變之謂事。通其變，使民不倦。」孔子聖之時者也，則正為他知變。他雖處周末衰世，他決然預知天之未將喪斯文。所以中國人傳統觀念中之聖人，則必然是應運而生的。應運而生，便即是應變而生了。

猶憶我童時讀三國演義，開卷便說「天下一治一亂，合久必分，分久必合」那些話。當時有一位老師指點我，說這些只是中國人舊觀念，當知如今歐洲英法諸邦，他們一盛便不會衰，一治便不會亂，我們該好好學他們。在那時，我這位老師，正代表著一羣所謂新智識開明分子的新見解。好像由他看來，英法諸邦的太陽，一到中天，便再不會向西，將老停在那裏。但曾幾何時，不到五十年，連接第一第二次世界大戰，英法諸邦也正在轉運了。於是五十一年後的今天，我纔敢提出中國人的傳統老觀念「氣運」兩字，來向諸位作此一番的演講。

但所謂氣運，並不是一種命定論。只是說宇宙乃及人生，有此一套好像是循環往復的變化。宇宙人生則永遠地在變，但所變也有一規律、一限度，於是好像又變回到老樣子來了。其實那裏是老樣子。但儘管花樣翻新，總還是有限。因此我們可以把它來歸納成幾個籠統的大形式。譬如女子服裝，由窄袖變寬袖，再由寬袖變窄袖，由長裙變短裙，再由短裙變長裙般。宇宙人生一切變化，也可作如是觀。卽如上述，由漸變形生出驟變，由量變形生出質變，由少數轉動了多數，又由多數淹沒了少數，由下坡走向上坡，又由上坡轉向下坡。宇宙人事之變，其實也不出此幾套。

從前西方的歷史家，他們觀察世變，好從一條線儘向前推，再不留絲毫轉身之餘地。如黑格爾歷史哲學，他認為人類文明，如太陽升天般，由東直向西。因此最先最低級者是中國，稍西稍昇如印度，如波斯，再轉西到希臘，到羅馬，西方文明自然優過東方，最後則到日耳曼民族，那就登峯造極了。他不知中國易經六十四卦，「既濟」之後，又續上一「未濟」，未濟是六十四卦之最後一卦，縱使日耳曼民族如黑格爾所說，是世界各民族中之最優秀民族，全世界人類文明，到他們手裏，纔登峯造極。但登峯造極了，仍還有宇宙，仍還有人生，不能說宇宙人生待到日耳曼民族出現，便走上了絕境，陷入於死局呀！

接著黑格爾，來了馬克思，他認為全世界人類文化，由奴隸社會轉進到封建，由封建社會轉進到資本主義，再由資本主義的社會轉進到共產。但共產社會來到，也如黑格爾的歷史哲學一般，宇宙走上了絕境，人生陷入於死局了。儻使此後再有另一種新社會出現，豈不是他的唯物史觀階級鬭爭的理論，便會全部推翻嗎？即使沒有另一種新社會出現，但共產社會既已無階級，無鬭爭，那時人類社會再不向前走一步，地老天荒，永是那樣子，那時馬克思復生，豈不也會悶死嗎？

最近西方一輩文化史學者，纔懂改變看法，也想籀繹出幾條大原則，描繪出幾套大形式，來講世界各民族文化興衰的幾條大路向。換言之，他們的歷史看法，是像逐漸地接近了中國人傳統的氣運觀。但他們總還是愛執著，愛具體，不能超然燕觀，不能超乎象外，因此他們總會帶有幾許悲觀氣氛，好像一民族、一文化，衰了，便完了，仍沒有轉身。

中國人的氣運觀，是極抽象的，雖說有憂患，卻不是悲觀。懂得了天運，正好盡人力，來燮理，來斡旋。方其全盛，知道它將衰，便該有保泰持盈的道理。方其極衰，知道有轉機，便該有處困居危的道理。這其間，有可知，但也有不可知。有天心，但同時也可有人力。所以說：「天下興亡，匹夫有責。」天下之大，而至於其興其亡，繫於苞桑之際。正如一木何以支大厦，一葦何以障狂瀾，而究竟匹夫有責，所以風雨如晦，鷄鳴不已。魯陽揮戈，落日為之徘徊。那是中國人的氣運觀。

（原載一九五五年三月人生雜誌第九卷第八期。）

總結語

上面四番講演，在我的用心，只是想根據通俗一般觀點，來闡述中國的全部思想史。但此事談何容易，我只就我所知，聊加發揮。我總希望，如我上面所講，決不是我一個人單獨要如此講，乃是中國一般人，連不識字無知識人，都長久在如此講。為何一般不識字無知識人都長久在如此講？此乃文化積業，向來思想傳統，從古到今的大思想家都在如此講，因而影響到一般不識字無知識人也都如此講。我只想把在上的傳統思想和在下的通俗思想匯通起來講。我究竟認識了傳統思想沒有？我究竟瞭解了通俗思想沒有？我究竟能把這兩條思想路線會通起來沒有？這是我自己個人學力問題，我無能力批評我自己，只有留待別人來批評。

但若我所講，縱說是成功了，所謂中國思想，究竟該和外面其他民族別人家思想做一比較，異同何在？優劣何在？得失又何在？我們絕對不該採關門主義，自尊自大，坐地為王。認為中國思想即已把握了宇宙人生一切的眞理。在外面，即就近代西方歐美人思想言，他們有宗教，有科學，有大資本，有新武器。我們宗教是衰落了，科學是未發達，又窮又弱，樣樣不如人。我們那能自尊自大，坐地稱王呢？但我總還是一個我，衣服髒了，我該洗。東西上蒙了塵，該拂拭。埋藏在我們心坎深處那一些文化積業，思想傳統，我們也該從頭再認識一番。刮垢磨光，釋回增美，是我們該下的工夫。我們今天的使命，是一個文化的使命，是一個思想的使命。文化思想是社會大眾之共業，我們該認識社會，接近大眾，承繼傳統，把握現實。我們該全盤計畫，我們該從根救起，該迎頭趕上。我們必須求瞭解，求發揮，求充實，求改進。諸位先生，如何看，如何做，請指教。

中國思想通俗講話補篇

中國文言與白話，即所謂語言與文字，有分別。亦可謂雅俗之分。此為中國傳統文化中一特別之處，為其他民族所無。

但文言即從白話來，白話中亦保有很多的文言，兩者間有可分有不可分。近代國人盛唱白話通俗，對文言古雅則深加鄙棄，把本該相通的兩項，過份分別了，其流害即今可見，此下更難具體詳說。

本書所收四篇講演，乃就通俗白話中選出四辭，發明其由來。乃係從極深古典中，寓有極為文雅之精旨妙義，而竟成為通俗之白話。此亦中國傳統文化之最為特優極出處。當時限於時間規定，僅講述此四題。其他可資發揮者，隨拾皆是。今值此書重印，姑續申述數則如下。讀者因此推思，則五千年傳統文化，亦可謂即在我們當前之日常口語中，甚深而極淺，甚古而極新，活潑潑地呈現。從當前新處去悟，卻仍在舊處生根。俯仰今古，有不知其手之舞之足之蹈之之樂矣。

一 自然

「自然」二字，乃道家語，謂其自己如此，即是天然這樣。這是中國道家誦述最所貴重的。又稱之為「眞」。儒家則稱之曰「誠」。不虛偽，不造作，人生該重。儒家所言之性命，便是此義。「人為」則成一「偽」字，便無意義價值可言。但西方人則最重人為，科學即是一例。今吾國人乃稱西方科學為自然科學，不知西方科學是要戰勝自然，克服自然的，與中國人尊重自然、因仍自然者大不同。

即如電燈、自來水，那都是不自然的。自然中有電有水，西方人運用來作電燈、自來水，那是反自然的。中國古人，在庭院中掘一井，用來汲水，較之出至門外河流中取水，方便多了。有人又發明了桔槔，可把井中水上提，省力多了。但莊周書中加以反對，說運使機械，則易起機心。機心生，則人道失眞，一切便不自然了。

今日國人誤用此「自然」二字，稱西方科學為自然科學，於是遂誤會中國科學亦源起於道家。其實道家前之墨家，豈不早已有了極深的科學造詣與運用了嗎？今謂中國科學起於道家，即與中國學術思想史便有了大相違背處。流弊所及，便難詳言了。

二 自由

「自由」二字，亦中國人所常用，與自然二字相承而來。乃謂一切由他自己，便就是自然如此了。因中國人重自然，故亦重自由。儒家所講一切大道理，其實都卽是天命之性，每一人自然如此的，亦卽是由他自己的，所以又說自由自在。由他自己，則他自己存在，故說自由自在了。

近代國人爭尚自由，乃百年來事。然百年來之中國社會情景，則日失其自在。不自在，又烏得有自由。此一端，可證近代國人所爭尚之自由，乃與中國傳統自由自在之自由大異其趣了。此因近代自由乃競向外面人羣中求，而中國傳統之自由，則每從人羣中退隱一旁，向自己內裏求。各自之自由，卽各人內在之心性。今人言自由，則指對外之行為與事業言。孔子曰：「道之不行，我知之矣。」是對外不自由，孔子亦自知之。又曰：「七十而從心所欲不踰矩。」則其對自己內在之一心，固已獲得其極端圓滿之自由矣。故孔子為中國之至聖先師，逝世已兩千五百年，而其當生之存心為人，則至今尚宛然如在。

故中國人言自由主在內，在心性之修養。不貴在外，為權力之爭取。今人則一意向外，只要外面有一罅縫可鑽，卽認為乃一己自由所在，肆其性情，盡力爭取，求變求新，無所不用其極。而各人之本來面目，則全已失去，渺不復存。亦不知在此上作計較。如此則僅知有外在之自由，卽不再知有內在之人格。人格失去，復何自由可言。

西方人無不向外爭自由，而亦終至失去其己身之存在。如希臘、羅馬，乃及現代國家，無不皆然。而中國則自由自在，五千年來，依然一中國。故中國俗語，「自由自在」兩語連用，涵義深長，實堪玩味。

今縱謂人生可分內外，但內在者總是主，外在者僅是客。失去其內在，則一切外在當無意義價值可言。則又何必儘向外面去爭取呢？

中國人又言「自得」。中庸言：「素富貴行乎富貴，素貧賤行乎貧賤，素患難行乎患難，素夷狄行乎夷狄。君子素位而行，無入而不自得。」把人處境分作貧賤、富貴、患難、夷狄四項，實卽上述所謂人生之外面。每一境必有一處置，處置當，卽可有得。得之由己，亦得於己，故謂自得。然則人各可自由自得，非他人與環境之可限。

又有「自作」、「自取」，不是好字眼。「自取其咎」，「自作自受」，都是要不得事。又如說「自討沒趣」，與「自求多福」大不同。「求」貴求之己，「討」則討於人。乞之其鄰而與之，雖非自取，亦要不得。至如「殺身成仁」，「捨生取義」，此等「成」，此等「取」，則屬自由自在之自得。不在外面，不在別人，此卽素患難行乎患難之大節操，大自由。

亦有「自譴自責」，「自認己失」，「自悔自改」，此皆其人之能自新處。人能自新其德，則「苟日新，日日新，又日新」，此又是一大自由。自由、自在、自得，不關他人。

今人則外面受形勢之引誘，又受權力之制裁，故其自由最多亦僅能在外面權力與法律之制裁下，獲取其身外者。而其主要內心方面，則已失去，渺不可得。尚何爭取之足云。

三　人物

「人物」二字，亦成為中國之通俗白話了。但人是人，物是物，為何連稱人物，這裏又有甚深妙義，可惜今人不加深求。

其實「物」字乃是一模樣，可作其他之模範代表。「物」字「模」字，聲相近，義亦通。如「勿」字「莫」字，亦聲相近義相通。「物」字一旁從「勿」，乃一面旗，旗上畫一牛，正如西方人之所謂圖騰。圖騰即是其一羣人之代表。有一人，可與其他人團體中一些人有分別，又可作自己團體中其他人之代表，則可稱之為「人物」。如孔子，與一般中國人有不同，而又可作一般中國人之代表，孔子遂成為中國一大人物。

中國人又稱「人格」。其實此「格」字，即如物字，亦模樣義。與人相互分別，而又可在相別中作代表，作一模樣，那即是其人格了。俗語又稱「性格」「品格」，與西方法律上之人格義大不同。

中國四書大學篇中連用「格物」二字。物是一名詞，而「格」字則借為一動詞用。我們做人該知有一榜樣，眞認識這一榜樣，則其他自迎刃而解。故曰：「致知在格物。」又曰：「物格而知至。」我們能知孔子是我們中國人一榜樣，那豈不知道了做人道理了嗎？做一孝子，必該先知一榜樣。做一忠臣，亦該先知一榜樣。做一聖賢，仍該先知一榜樣。孔子之「學而時習之」，這一「習」字，便似格物之「格」字了。孔子十有五而志於學，三十而立，立便是完成了格的初步。朱子注大學說：「物猶事也。」孝、弟、忠、信都屬事，都該知有一榜樣，即是都有一格。能合格了，便是通了做人的道理。

今人學業成績，定六十分為及格。明得此格字，便可明得人物之物字。可見中國道理應從中國之語言文字上悟入。

學業成績有優等與劣等，有及格與不及格。而今人又盛呼平等。若人盡平等，則與中國俗語人格之義大相違背。故中國人又稱「人品」，稱「品格」。若人果平等，則何品格可言？

四　心血

（一）

中國人「心血」二字連言。論其深義，亦可謂「致廣大而盡精微，極高明而道中庸。」人人所易知，亦人人所難通。

西方人言身體生理，特以腦為全身之主宰，亦主一身與其四圍之交通。

中國人言「心」，則超腦而上之。

腦仍是身體中一器官，心則融乎全身，又超乎身外。心為身君，乃一抽象名詞，而非具體可指。「血」則貫注全身，而為一身生命之根本。如腦部受傷，不見不聞，無知覺、無記憶，但其人之生命仍可存在。血脈流通一停止，其生命即告死亡。

西方人重主宰，重權力，則腦之地位為高。

中國人重存在，重根本，則血其最要。

又且血只在身內，不涉身外，中國人認為此乃生命之本。腦則僅是生命中一個體，而心則通於全生命而為其主。

兼心血而言，則一本相通，而又無個體之分別，此實中國人生大道理所在。

（三）

中國人又言「血統」。中國為一氏族社會，氏族即血統所成。

余嘗論中國有政統與道統，而道統尤重。

中國五千年文化傳統，有政統亂於上而道統猶存於下。

如秦滅六國，非由秦人統一中國，乃由中國人自臻於統一。秦二世而亡，而中國人之統一則仍繼續。此乃中國人建立了中國，非由中國來產生出中國人。

故中國而夷狄則夷狄之，夷狄而中國則中國之。若中國人不遵中國人道理，則亦可認為非中國人。

故道統必尤尊於政統。中國人則該是一中國人，此乃道統血統之統一。「心血」兩字連用，可顯其義。

（三）

故讀中國史，政治統一之治安時代，固當注意，而政治分裂或變亂時代，亦值同樣注意，或當更加注意。

如魏晉南北朝，如五代，如遼、金、元及清代，中國可謂已失其常，而中國人則仍為一中國人，依然未變未失，血統道統猶然。中國人之心血，能歷五千年而長存。

論及最近七十年之中華民國史，則又政治變亂分裂，已無一政統之存在。而社會則日益擴展，其在海外者，有臺灣人，香港人，新加坡人，其他散入亞洲各地乃及美、歐、非、澳各洲，至少亦得五千萬人。

論其血，則同屬中國人血統。

論其心，則亦全不忘其同為一中國人。

然而流亡離散，則亦無可諱言。

如求其能團結一致，則非認識做一中國人之共同標準不可，主要在從道統上求，當從歷史求之。

（四）

中國人又言「心胸」，「心腹」。大陸乃中國人之心腹，歷史則當為中國人之心胸。

中國人又言「人心」，「道心」。道心則有統。所謂道統，亦卽中國人之文化傳統。非兼中國人之心與血言，則此統不可得。

中國人又言「心情」、「性情」，又言「血心」、「血性」，但絕不言「血情」，可證俗語極涵深義。人之有心，乃始有情。人之有情，乃始得稱為人。

血則貫注於全身，僅屬肉體中物，與情不同。情可交於身外，故必言心。

今人以「無情」，「薄情」稱為冷血，「多情」，「深情」稱為熱血。其實血不關情，冷血熱血兩語，實指心言，亦可謂俗不傷雅。惟單稱情感或感情，感必由心，而非僅由血，此亦可知。

（五）

故為一合格之中國人，理想之中國人，則必有「血」有「情」。

而血與情則統於心。心則統於道。如是之謂「通天人、合內外」。

俗又言「血仇」、「血債」，亦指其深入人心。又言「一針見血」，正貴其見到深處活處。故必「心血」兼言，乃見人生之落實，與其深到。頭腦則僅是一器官，一機械。今世則貴電腦與機器人，無情無血，則高出人生，乃為近代人生所想望而莫及矣。世運如此，乃何可言。

五　味道

中國俗語又常「情味」兼言，有情始有道，又言「味道」。中庸云：「人莫不飲食，鮮能知味。」飲食亦人生一道。孔子之飯疏食飲水，顏子之一簞食，一瓢飲，其中皆有道，故亦皆有味。常人飲以解渴，食以解饑，不知其中有道，故中庸說其不知味。

俗言又稱「滋味」。滋有滋潤、滋生、滋長、滋養義。人生必有長有養，有餘不盡。其功在飲食，即為長養。若專以飲食為求味，此即不知味，不知道。惟孔子顏淵能知飲食之道，斯乃有味有樂可言。其樂深長，又稱樂味無窮。

俗語又稱「趣味」，或稱「興味」。今人又常稱「興趣」。興趣皆須有味，始能有餘，長存而無窮，耐人回味。今人每求盡興盡趣，盡則不堪回味，那又失之。

中國俗語中此一「味」字，眞是大堪深味，亦可尋味無窮矣。能知其人其事之有味無味，此眞中國人一番大道理，亦可稱是一項大哲學。

中國人又稱「五味」。鹹乃常味，酸與辣多刺激，甜味則多得人愛好，苦味飲膳少用。忠言逆耳利於行，良藥苦口利於病。苦勸苦諫，苦口婆心，亦見用心之苦。一片苦心，苦學苦讀，苦修苦練，苦下工夫，苦行苦守，苦幹苦撐，苦熬苦嘛，堅苦卓絕，吃得苦中苦，方為人上人，人生中乃有此一道苦味，苦盡甘來。對人讚美道謝，則連稱辛苦。辛苦亦人生大道，此一道，乃為其他民族所不知。

佛法東來，大慈大悲，救苦救難，人海乃如苦海之無邊，佛法亦普渡而無邊，則亦大異於中國人生之有此一苦味之存在矣。

俗語又稱「喫苦頭」。可見苦自有頭，樂則無窮。但又必「甘苦」兼言，「苦樂」兼言。執其兩端用其中於民。今日國人則惟知求樂，不懂喫苦。只認正面，不認反面。只許進，不許退。只要新，不要舊。只向外，不向內。只說西，不說東。只執一端，不執兩端。一切東西就會不成東西，一切味道也就會沒有味道，這又何苦呢？

中國人又稱「品味」。如品茶品酒，茶酒皆有味，故可品。不入味，則不登品。凡物皆然，故稱物品。斯知物亦各有其味矣。人之一身，及其面部，以及其所居之室，皆可加以裝飾品。則凡所裝飾，皆可玩味。就其人日常親接之物，亦可見其人之品味矣。

中國人又稱「體味」。不僅口舌，還須心賞，始得此味。胃腸不消化，則口舌無味，可證物品物味皆從人之品味中來。即觀其人所品味，可知其自身本體之品味。

今人乃言批評。批評亦一種分等分品之義。如獄官批判罪人，即依法分判其人之有罪無罪，以及罪之大小。今人言批評，則必批評他人之短處失處，實則其所批評，亦憑其己見。凡其所見，則都在他人之短處失處，斯亦可見其人生之無品而乏味矣。

中國人又連言「情味」，味淡乃見情深。故君子之交淡若水，小人之交甘如醴。今人則惟有濃味乃謂情深。最近有一學校教師，求愛於其一女同事，不得，乃殺之。法官判其罪，謂其情深，僅得徒刑。又有人連殺其親生之父母，法官謂其有神經病，亦不判死刑。今世之民主政治，僅重法治，人生惟知有法律，宜可謂乃無情味可言。

中國人又稱「韻味」。韻者，聲之餘。中國人貴有餘，亦貴餘味。但又貴知足，又稱够味。足指當下言，餘指往後言。如歌唱，既須够味，又得有餘味，須能回味無窮，回味不盡，不要不足。此是中國人生理想中一妙境，一佳味。故中國人言盡心盡力，實則心力永遠用不盡。今人則求盡歡盡興，盡了則不歡，沒興了。生之盡，則死亡隨之。故人生必求有後，乃得有餘而不盡。就其個人生命言，則生而至足，乃為一完人。完人者，乃完其天命之性。天命之性則雖死而不盡。如孔子，乃使後世人追味無窮。亦可謂人莫不有生，苟不知其生之有性，則亦鮮知其味矣。

中國人又稱「有鮮味」。北方陸地，人喜食羊。南方多水，人喜食魚。合此「羊」字「魚」字，成一鮮字。然魚與羊，人所共嗜，未能餐餐皆備，於是鮮字又引伸為鮮少義。但「美」字「養」字

「善」字，則皆从羊，不从魚。此或造字始於北方，此不詳論。今日國人則盡慕西化，必以牛肉為最佳食品。然四千年來之語言文字，則不能盡改。而生為中國人，又不能不講中國話，不能不識中國字。縱覺中國語言文字之乏味，而終亦無奈何。此當亦為今日中國人生中一苦味，又當如何期其苦盡之甘來，則亦無可深言。

又中國人常連言「笑罵」。諺云：「笑罵由人笑罵，好官我自為之。」笑本代表喜，罵則代表怒，哭代表哀，歌代表樂。故曰喜怒無端，笑罵無常。今喜字加了女旁，則嬉笑非喜笑，嬉皮笑臉非喜臉。一笑置之非喜意。笑裏藏刀又非好笑。使人欲笑不得，而又有苦笑。中國一「苦」字中，有多少人性味存在，則誠欲索解人不得矣。

又按人生面部耳聽、目視、鼻嗅、口食，外接聲、色、氣、味四項。俗稱「味道」，惟「味」乃有「道」，其他聲、色、氣三項，皆不言「道」。疑目視耳聽，其與聲色相接，顯分內外。鼻嗅之氣，或可直進胸腔，但氣自氣，體自體，非各有變。惟口食，則所食皆化而為己有。故惟味，乃可繼之曰道。至於氣，俗亦稱氣味，下連一味字，卻不如味之可連一道字。但聲色則又與氣味不同，稱聲音色彩，更無連用字。則聲、色、氣三字，豈不明有三別，而皆與味不同，其別亦自可見矣。孟子曰：「食色性也。」此色字則又與聲色之色有辨。

六　方法

（一）

今人好言「方法」。實則中國人言方法，則猶言規矩。孟子說：「規矩，方圓之至也。」非方則不成矩，是亦不足為法矣。惟儒家好言「方」，易經坤卦言：「直方大。」人生在直，若有彎曲，仍須直，如是則成一曲。故兩直相遇，乃成一方。方形有四角，乃成四曲四直。故有大方之家，又有一曲之士。其形成方，始可為法。一曲亦可自守，故仍得稱為士。

天道圓，地道方。中國儒家好言人道，卽人文，近於地道之方。而莊老道家言天道，卽自然，近於圓。佛教東來，亦好言圓。但佛家既言圓通，又言方便。方又兼平義，故又稱平方，又稱方正。故方亦兼平正義。便則本是便僻，乃邪而不正義。人生中乃有許多不便處，如大便小便，均須避開人，去私處。便既須擇一私處，亦稱方便。因方在偏隅處，而其偏隅則共有四處，故稱四方，亦稱方便。

人行之道亦可分「正道」、「偏道」，偏道卽「便道」。又分「大道」「小道」。君子行不由徑，徑則只是一小道、便道。如留客吃飯，謙言便飯，卽非正式宴請。如便衣，亦非正式出客之禮服。託便人帶信，此非正式派遣，容有不便處，遂有洪喬之誤。更有便宜，中國人貴信義通商，只可獲小利，不當牟大利，小利也得稱便宜，即見有不便不宜處。故又稱貪便宜，也只得貪小便宜，不得貪大便宜。今人則稱便利，亦自有不便不利處。總之「便」即含有不正處。

中國人又稱「方術」。術只是一條路，但此非大道通路。中國傳統學術，共分經、史、子、集四部分，道路各有分別，但綜合會通則共成一大道。如醫生為一病人開藥方，亦必各有分別，非可人人通用。只是對症下藥，只某些人可用，故稱「藥方」。如是而言，方略方策，這一些策略，亦只寓特殊性，非即普遍大同性。俗又言「方針」，亦只針對一端一方而言。如稱「方向」，則東西南北共四方，所向只其一方。子貢方人，孔子曰：「夫我則不暇。」孔子只言人生大道，那些有關他人的小處，孔子就不去加以批評了。

方指空間言，亦可指時間言。如云「方今」，「方興未艾」，方亦只是當前之一時。莊周言：「方可方不可，方不可方可。」時間如此，空間亦如此。大方則時時處處皆然，故人人可得以為法。詩云：「定之方中」，便見有不方中處。方中乃僅指一刻一隅言，過了此刻此隅，便不見有定了。

為人子止於孝，為人父止於慈。子方乃見有孝，父方乃見有慈。所謂止，便兼有變動無止之義。舉一隅，貴以三隅反。人道有萬方，亦有萬法。人生之道於變動中停止，必知此義。

又如「方言」，亦只僅可通行於一方。而大雅則可通行於四方，即其大全處。故大方乃可貴。

但中國人又稱「方外」。位有定，而方外則不可定。要之，「方」亦只是一具體字，非一抽象字，此義不可不知。

又中國寫字稱書法，演劇亦稱戲法，凡此等「法」，皆涵規矩法則義，故亦稱法規法則。是法亦猶規則，又如言法律。在音樂中亦有五聲六律，此律亦即音樂中之規矩法則。今西方人言技巧，乃在科學界之機械變動中。而國人乃以「方法」二字當之，則涵義差失太遠矣。

(二)

方者，集四隅為一方，有空間靜定義。法者，水流和平向下，不潰決，不枯竭，永是如此，兼有時間流動義。故中國人稱「方法」，乃一標準模範，處處如是，時時如是。乃如水流之平勻穩定，時常流行。故中國人稱方法，實是一種「道義」。今人稱方法，乃是一種「手段」或「技巧」。果使手段技巧而能進乎道，乃始成為方法。為學做人皆當有方法，但方法異於技巧。技巧乃手段造作，非道義功夫。其間有大不同，不可不辨。

中國古人稱「大方之家」，今猶稱「方家」。一曲一隅不成方，其曲其隅必可推而通乃成方。今稱專家，則專指一隅。縱其極有技巧，儻不能推而廣之，通於他家，則又何得成為方。子在川上曰：「逝者如斯夫，不捨晝夜。」水流之去，須時時去，不停不變，乃為法。偶一停止不再流，偶一潰決橫流，皆不得成法。

故專尚技巧之方法，必成為變亂世。必尚道義之方法，乃成為治平世。中國廣土眾民五千年文化大傳統，乃有其方法可尋，而非技巧之所得預。史蹟具體卽可徵。

七　平安

中國人最重「平安」。宋儒胡安定，讀書泰山棲眞觀，得家書封面有平安二字，卽不開閱，投書觀外澗中。此見平安之可貴。旣得平安，又何他求。

今先言「安」字。女性居家室中謂安，非閉戶不許出，乃其心地自安。居之而安，俗稱「安然」。又稱「安貧樂道」，「安居樂業」。又稱「安分守己」，只此一分，便可安可守。故中國人居家對長上，朝夕請安。西方人則道好。「好」與「安」不同，好在外有條件，安在心可無條件。又稱「安定」、「安寧」、「安康」、「安祥」，只此心得安，便定、便寧、便康、便祥。又稱「安之若素」，素卽平義，今人言平素。中庸言：「素富貴行乎富貴，素貧賤行乎貧賤，素患難行乎患難，素夷狄行乎夷狄。」素卽日常生活，更無其他鈎搭牽掛，亦稱平居。俗又稱平素，不增添，不加夾，故稱素。日常如此，亦當安之若素。平素常素亦稱平常。能有常，便可安。變則心不安，故須能處變如常。縱使增加了種種花樣，亦若平居之素。

素又有空白義，一切繪畫皆畫在白紙上。飲食不加味料是謂素食。人生亦當居心在平空平白處。今人稱平等，「等」謂其相類似。一切相類似，則一空二白，更無差異處。如此始能反己自得，但實際亦仍是平常人，平常事。若定要出類拔萃，定要加進了些甚麼，與人不相似，那便不是一平常人，實際亦將無所得。故必有所得，始稱平常。

要做得一平人，其心先得平。要做得一常人，其心須先有常。知平知常，便是一切花樣都化去了，空白如一張素紙。其心如此，始得安。貧賤、富貴、患難、夷狄，實都無分別，等如無花樣，那其心自安。居在家室內，與出在家室外，究竟有什麼兩樣呢？只因此心不安，乃至花樣百出。但古今中外，人與人，生與生，論其大體，皆來自天，又究竟有甚麼兩樣呢？貴能視人如天，一視同仁，那就平了安了。

中國道家言人生，先要把人心弄得一空二白。儒家言人生，先要把人心弄得平平安安。俗稱「平空」「平白」，則已會通儒道而一之。中國人又稱「平淡」「平和」。「和」字易懂，「淡」字難懂。君子坦蕩蕩，小人常戚戚。戚戚即是不淡不和義。但人又有至親至戚，那能處親戚亦淡然呢？這裏又該有深義。當知人性中有孝、弟、忠、信，能淡然出之，則雖驚天地而泣鬼神，此心亦若平安無事。此處則須學。孔子曰：「十室之邑，必有忠信如丘者焉，不如丘之好學也。」但孟子則曰：「彼人也，我人也，彼能是，我何為不能是，我何畏彼哉。」主要亦在學，此心即平安。又曰「平易近人」，「君子居易以俟命，小人行險以徼倖」，則平安非難，貴能安居而已。今人則必以不平之心，創為非常之事，則終其生而不得安，亦固其宜。

中國人又稱安步當車，平步登天。如何安步？如何平步？此中皆大有講究。能知人生之一切皆平，一切可安，自能平步安步。畢生平安，就在此一步上。又曰「治安」「治平」。子在川上曰：「逝者如斯夫。」能知水流之治，斯亦知人生之得其平安矣。此「治」字則須求之雅言，而俗語未之及。

中庸又言：「從容中道。」人能見善則從，見惡則容，斯一從一容，則無不中道矣。人之能從容，卽象其平安。今人則不肯從而必違，不肯容而必拒，一違一拒，又何平安之可言。

八　消化

「消化」二字，連成一語，人人能言，老幼皆知。但若分作兩字來作解釋，則涵義深遠，亦可由此以明天人之際，通古今之變矣。

食物進口，投入胃腸，卽消散、消耗、消亡，不復有其原形之存在，由是以營養全身，由臭腐化而為神奇，復由神奇化而為臭腐，由大小便中排洩以出。民以食為天，而其消其化，則在人之腸胃。其先為食物，後化為非食物，此非可以明天人之際，通古今之變乎？而卽在人人反身而求，當下可得。

然雖人人同有此腸胃，乃人人各不知此腸胃之何以消，何以化。是則消化功能雖在人，仍屬天，此之謂「一天人」。內之如當身，外之如不知幾何百萬年前，自有人類即如此，是謂「合內外」。非一天人而合內外，亦無以明天人之際，與通古今之變。

又有「消息」二字，其義亦同樣深遠。息者从鼻从心，有生息義，有息養義。即如呼吸，一出一入，一去一來，亦如一種消化，乃為一種消息。然孰知息之必待於消，又孰知消之即成為息。死生存亡，成敗得失，吾道則一以貫之矣。

易傳言：「一陰一陽之謂道。」但易卦先乾後坤。濂溪太極圖說亦謂：「太極動而生陽，動極而靜，靜而生陰，一動一靜，互為其根。」則言天道必先陽。又曰：「主靜立人極」，則言人道仍先陰。化與息應屬陽，消則屬陰。消化、消息，亦皆先陰。又言變化，言休息。中庸言：「動則變，變則化。」一日三餐即其變，無變又何來有化。休，停止義。然一呼一吸，決不能停止。大學言：「知止而後能定，定而後能靜，靜而後能安，安而後能慮，慮而後能得。」則止非真止，靜非真靜。終始連言，亦先終後始。此猶言消化、消息。

「消」之反面為「積」。荀子最好言積。孟子則言養，曰：「我善養吾浩然之氣。」養則有化、有息。氣亦可言氣化、氣息，中國儒學傳統荀終不如孟。道家莊、老多言消滅義，不言增積義。中庸、易傳會通儒道，而消損義則決不下於增益義。今人好言積極，不好言消極，斯與吾文化大統必有所背矣。

今人又以閱讀報章新聞謂「打聽消息」，此語大有意思。如當前美蘇裁止核武談判，豈非舉世一大新聞。然必當知其中何些當消，何些可消，何些可息？此會議已歷有年數，本屆已屬第三次，以前消息如何，約略推想以下消息。中國人言鑒古知今，全部二十五史，盛衰興革，亦卽中國民族傳統文化之大消息。若必排除舊有，乃可開創新設，此種消息，竊恐難求。

消息在聽不在看，此亦有深義。中國人重聲音過於顏色，色必附着，聲則空靈。故中國人言聰明，聰在前，明在後，不言明聰。光色已有不同，聲光仍有不同。語言先後，高下自別。故言癡聾，不言癡盲。癡卽如聾，聾卽如癡。暮鼓晨鐘，乃在震其耳。天將以夫子為木鐸，鐸聲亦入耳，勝於陽光僅照眼。故言消聲匿跡，聲可消，光與色則不言消。

又如言「不聽教誨」，非不聽聞，乃不同意，不贊成，是不聽乃在心。與心不在則聽而不聞大不同。又如云「聽人擺布」、「言聽計從」，此聽皆在心。又如「百聞不如一見」。聞，指聽人言。見，乃親見之。人言不可信，與所謂耳提面命者又不同。若指耳目之官之功用，必先耳後目，繼之以口、鼻、舌，其高下輕重又可知。

中國人以口之一官，放於耳目之後，此意尤大可味。物之入口，僅以養身。聲入於耳，乃可以聽及他人之心性，以養己之心性，養德養神。故人之口與禽獸無大異，人之耳乃與禽獸大不同。孟子曰：「人之異於禽獸者幾希。」果以五官言，則必先耳後目，而後及於口。此亦自然界生命進化一重要消息。

中國人又言「不消如此」，此語尤有深義。消化、消息皆重消，但不言可消。當消必消，不消如言不需。可見消乃人生所需。又言「不屑」，不屑之教誨其義又重於不消。此皆當明得「消」字義，乃可引伸明得「不消」、「不屑」義。中國人稱「不肖子」，此「肖」字亦兼涵有「化」字義。父母之於子女本具教化之責。子女於父母則不然。故父頑母嚚，亦不稱不屑。

此皆以俗語上推之雅言，而可探聽中國傳統文化中一些大好消息。今人必鄙棄雅言，提倡俗語，此一消息恐不甚好。偶舉八例，略加闡申，觸類旁通，以待讀者。

九　中和

中庸言：「天命之謂性，率性之謂道，修道之謂教。喜怒哀樂之未發謂之中，發而皆中節謂之和，致中和，天地位焉，萬物育焉。」　今按：此章率性修道皆指人事言。事見於外，其蘊藏於內者則為情，即喜、怒、哀、樂、愛、惡、欲之七情是也。未發謂之中，謂其當未發時，不偏不倚，正位居中，故能發而中節。儻先有偏倚，或有宿喜，或有藏怒，則先已失中，其發亦未能有適中之和矣。此「中」字當先自有涵養工夫，故「中和」連言。非專指其藏於內，乃指其藏於內而先自有其中。

一〇 事情

（一）

俗稱「事情」，事在心外各不相同，但事在心頭不免因事生情。情則可以大略相同。如太陽晨起晚落，此屬事。但日起日落，人心對之生情，則對朝陽可與對夕陽同。此人之情亦可與他人同。甚至千百年之前可與千百年之後同。中國詩人之詠朝陽夕陽，大體可證。

故事不同，而情則同。此一同處，中國人俗語稱之曰「境」。如言「境遇」、「境界」。中國人言人生，極重此一境，故又稱人生之境界。實則人生渡越此境界。如孔門顏淵，一簞食、一瓢飲，在陋巷，人不堪其憂，回也不改其樂。此見同一境，而處境之心情有不同。近人重西化好言境遇。中國人生則在此境遇中求性情。周濂溪教二程兄弟尋孔顏樂處，卽指示人生重要意義重在此境遇中。當知樂處卽在心情上，不在境遇上。近代人西化，務在外面境遇上求，不知在自己內部心性上求。此則中西文化大相異處。而吾國人今日已不知其辨矣。

今日世界則正在大變中，西方人向外求，到處碰壁，今始反而知改，轉向內部求。如美蘇核子談判，即其一例。又商業、經濟亦漸向內部求。如英如法，如其他各國，當前經濟亦都同向美鈔價值求，但心情內外有變，此即其一例。

（三）

行事表於外，必有其存於中者。當求表裏一體，非可分割以為二。俗稱「事情」，其中亦有甚深涵義。昧者不察，徒見其事，而不審其先自內蘊之情，則事而非事，並有適相違逆者。故中庸繼此即提出一「誠」字來。誠則已發未發，表裏如一。

一一 知識

余幼年讀水滸傳，而不知讀金聖嘆批注，往往僅見其事，不知其情。眞偽莫辨，是非不明。嗣得小學中一顧老師指點，乃知讀金聖嘆批注，始恍然大悟。士先「器識」，而後文藝。俗又連言「知識」，「知」只是僅知其事，「識」乃識其內裏之情。內外一體，始為眞識。徒求於外，則烏從而知其體。

俗又稱「相貌」，其實貌則一見便知，相則由相互比較，綜合歸納而來，實乃一種識，而非止於知。故俗又稱「識相」，但不言知相。俗又言「見識」，不言見知。一見而知，是見了便卽知，言了見卽不必再言知，言了知亦不必再言見。但見卽知，卻未必有所識。所謂知人知面不知心，能知到其人之內心深處，乃得謂認識其人。故俗又言「認識」，卻不言認知，其中皆有深義。俗言識相，亦涵深義。若要再用白話來解釋此兩字，則誠難之又難矣。

一二 東西

俗又稱萬物曰「東西」，此承戰國諸子陰陽五行家言來。但何以不言南北，而必言東西？因南北僅方位之異，而東西則日出日沒，有生命意義寓乎其間。凡物皆有存亡成毀，故言東西，其意更切。

一三 運氣

俗又言「命運」、「運氣」。無論其為命與氣，皆有運轉不息義，又有周而復始義，故亦言「天運」。今人言「運動」，則大失其義。此「運動」二字，乃譯自西方語，有比較競爭義，而無周而復始義，與中國原有俗語「運」字大不同。

一四　過失

中國人論人生，最重改過遷善。「過」有空間義。凡富貴，皆當適如其分，故曰「安分守己」，「過猶不及」。儘求富，儘求貴，所得愈多，或所失乃更多。故俗語連稱「過失」。塞翁失馬，焉知非福。失不足慮，過乃可慮。

過之時間義，如過去。人之生命，不能過了便算，當好好保留。大人者，不失其赤子之心。儻過了便放棄，那眞是一人過失。過去的不能儘讓它過去，未來的亦不能儘要它卽來。孔子聖之時，隨時順變，務求恰到好處。此亦是一種無過不及之中節處。

俗稱「過失」、「過去」，人生不能無失無去，但可以無過。赤子時期失去了，當長大成人，並成為一大人。但赤子之心則未去未失，當善為保養，故孟子曰：「大人者，不失其赤子之心者也。」若並此而失去，則為人生一大過。

求長生，要此生永不過去，此是一過。求涅槃，要此生全不保留，此又是一過。生此世，卻一心想要進天堂，此亦是一過。過失過去，失了去了，卻有其不失不去處。故貴安貴守，又貴隨時而順變。如是，乃為無過。不失不去，纔是可安可守處。

叔孫豹言「不朽」，不如孔子言「後生可畏」，乃為眞無過。蘧伯玉「欲寡其過而未能」，此七字須好好參尋。

一五　號令

論語：「巧言令色鮮矣仁。」此「令」字有俗語討人喜歡義。凡在上者令其在下者，亦必有使在下者喜歡意，故稱令。又如俗語稱令尊、令親、令郎、令愛，令字皆有可親可尊義。凡在上者令其在下，亦當使在下者對之可親可尊，故亦稱令。

又如屋簷漏水和緩，稱「泠」，暴雨急漏則不稱泠。又如「零散」「零落」，此皆如水滴放鬆，無嚴密逼切義。凡政府定一政令，下一法令，稱為令，亦必和緩放鬆，不嚴密、不逼切。

又如發號施令，「號」亦一好字眼。如人有名有號，必佳稱，非惡稱。又如帝皇年號，皆佳稱。清代歷朝年號，如順治、康熙、雍正、乾隆、嘉慶以下皆然。歷史上各朝各代年號亦然。故稱號召，又稱口號。所謂號令，皆當如此。而豈專制帝王強其下以必從者，亦得稱為號令？

一六 職業

今俗常稱「職業」，其實此兩字乃中西文化一大分別所在。中國人重「職」，主對外，盡我為人，有職位、職名、職分諸稱。西方人重「業」，主對內，盡人為我，有事業、行業諸稱。如父慈子孝，乃言職。中國人言五倫，皆言職。若言業，則無此分別。

西方人言自由、平等、獨立，乃言各己之業。若言職，亦無此分別。故父母生子女，必當養育教誨之職。豈得自由為之子？又豈得為子者不孝其父母而與居平等之地位？又豈得各自獨立，父為父，子為子，不相關聯，不相牽涉？

卽今工廠一職工，職位既定，卽當守分，又烏得自由平等與獨立？為商者在羣中亦一職，故中國人必言信義通商。今從西方話，只稱「商業」，決不稱「商職」，可悟此二字之相異矣。故今俗稱「職業」，以中國傳統言，則可謂不辭之至。

今再言「進取」與「保守」，中國人重盡職，故主保守。西方人尚商業，故重進取。又豈得謂進取者全是，而保守則全非乎！

又中國人重職，故言「職事」，不得言事職。西方人重業，故言「事業」，不得言業事。其餘類此者尚多，偶舉一例，恕不備述。

一七　釋「包」

包，從手為抱，乃向內會合。從足為跑，西湖廬山皆有虎跑泉，乃向外分開。奔跑乃分開腳步，會合運使。如言同胞，言雙胞胎，乃指其合於內而分於外。從石為砲，亦指其內合而外分。咆哮，乃氣足於內而外露。從食為飽，僅指足於內。從衣為袍，則指加於外。水泡亦然。從草則含苞待放。庖廚，米麥牲禽所聚，而分別烹煮，兼容並包，容於內而包於外。但如形容容貌，容亦兼外義。

一八　釋「兆」

兆，從手為挑，從足為跳。兆有躍露迹象義，俗稱兆頭。春光明媚，惟桃最易透露其跡象。桃之夭夭，則以其艷放而早謝。逃則速離速去。不祧之祖，乃其祖先之永不離於祭祀者。億兆則祖先已遠，僅堪記憶，或不可計數。不如夫婦家庭鄉黨隣里，親切而寡少。故稱兆民，亦涵遠義。

一九　釋「淑」

窈窕淑女，窕乃幽深封閉，而微露其迹象。叔從宀為寂，從水為淑，非波濤洶湧，而靜流細注。女性之美有如此，故稱淑女。伯仲叔季，叔當有弟道，數一數二固可，老三老四宜有未當。

二〇　釋「媛」

媛從爰，如溫暖，又如柔緩和緩。溫柔溫和乃女性美德。如援，能助人。從冷酷中得溫暖，從緊張中得柔緩和緩。爰字作「於是」解，亦此義。

一九七九年本擬重印此書，特撰補篇一文，內分八題，因故未付印。一九八七年又檢拾歷年隨筆劄記十二條附后，合成此文。

（原載一九八七年七月、八月動象月刊第七期、第八期。）

《錢穆先生全集》總書目

甲編

國學概論
四書釋義
論語文解
論語新解
孔子與論語
孔子傳
先秦諸子繫年
墨子　惠施公孫龍
莊子纂箋
莊老通辨
兩漢經學今古文平議
宋明理學概述
宋代理學三書隨劄
陽明學述要
朱子新學案（全五册）
中國近三百年學術史（一、二）
中國學術思想史論叢（全十册）
中國思想史
中國思想通俗講話
學籥
中國學術通義
現代中國學術論衡

乙編

周公
秦漢史
國史大綱（上、下）
中國文化史導論

中國歷史精神
國史新論
中國歷代政治得失
中國歷史研究法
中國史學發微
讀史隨劄
中國史學名著
史記地名考（上、下）
古史地理論叢

丙編

文化學大義
民族與文化
中華文化十二講
中國文化精神
湖上閒思錄
人生十論
政學私言
從中國歷史來看中國民族性及中國文化
文化與教育
歷史與文化論叢
世界局勢與中國文化
中國文化叢談
中國文學論叢
理學六家詩鈔
靈魂與心
雙溪獨語
晚學盲言（上、下）
新亞遺鐸
八十憶雙親師友雜憶合刊
講堂遺錄（一、二）
素書樓餘瀋
總目